禅解儒道丛书

[明] 蕅益 著

○ 刘俊堂（点校）

周易禅解

长江出版传媒

崇文书局

图书在版编目（CIP）数据

周易禅解 /（明）蕅益著；刘俊堂点校 . —武汉：崇文书局，
2015.9（2023.2重印）

ISBN 978 - 7 - 5403 - 4001 - 8

Ⅰ . ①周⋯　Ⅱ . ①蕅⋯　②刘⋯　Ⅲ . ①《周易》—研究
Ⅳ . ①B221.5

中国版本图书馆 CIP 数据核字（2015）第 198642 号

我
思

敢于运用你的理智

周易禅解

出版发行	崇文书局有限公司	
	（武汉市雄楚大街 268 号 · 湖北出版文化城 C 座 11 层　430070）	
营销电话	027 - 87293001　　传真：027 - 87679712	
印　　刷	武汉中科兴业印务有限公司	
开　　本	880 × 1230 毫米　1/32	
印　　张	9.25	
字　　数	150 千字	
版　　次	2015 年 9 月第 1 版	
印　　次	2023 年 2 月第 7 次印刷	
书　　号	978 - 7 - 5403 - 4001 - 8	
定　　价	36 00 元	

整理说明

一、本书以民国四年（1915年）金陵刻印处刊本为底本。

二、原文为繁体竖排，文中已有分段；今改为简体（为避免歧义，保留了若干异体字、通假字）横排，并依文义予以重新分段，且施以现代标点。校正字词有讹误者，于脚注中标出。

三、书中《周易》原文依据蕅益的"解"进行句读，与通行的句读有所不同。

四、本书金陵刻经处刊本分为十卷，其中卷一至卷七乃对六十四卦之禅解，卷八、卷九乃对《系辞传》《说卦传》《序卦传》《杂卦传》之禅解，卷十乃对相关最具代表性"易图"之禅解。

五、原书六十四卦卦象图前无卦名，今统一加上。

目　录

自　序

　　蕅益子结冬于月台，禅诵之余，手持韦编而笺释之。或问曰：
"子所解者是《易》耶？"余应之曰："然。"复有视而问曰："子
所解者非《易》耶？"余亦应之曰："然。"又有视而问曰："子所
解者亦《易》亦非《易》耶？"余亦应之曰："然。"更有视而问
曰："子所解者非《易》非非《易》耶？"余亦应之曰："然。"侍
者闻而笑曰："若是乎，堕在四句中也！"

　　余曰："汝不闻四句皆不可说，有因缘故四句皆可说乎？因缘
者，四悉檀也，人谓我'释子'也；而亦通儒，能解《易》，则生
欢喜焉。故谓是《易》者，吾然之，世界悉檀也。或谓我释子也，
奈何解《易》，以同俗儒？知所解之非《易》，则善心生焉，故谓
非《易》者，吾然之，为人悉檀也。或谓儒、释殆无分也，若知
《易》与非《易》必有差别，虽异而同，虽同而异。则笼统之病，
不得作焉，故谓亦《易》亦非《易》者，吾然之，对治悉檀也。或
谓儒、释必有实法也，若知非《易》，则儒非定儒，知非非《易》，
则释非定释。但有名字，而无实性，顿见不思议理焉。故谓非
《易》、非非《易》者，吾然之，第一义悉檀也。"

　　侍者曰："不然。若所解是《易》，则人将谓《易》可助出世
法，成增益谤。若所解非《易》，则人将谓师自说禅，何尝知
《易》？成减损谤。若所解亦《易》亦非《易》，则人将谓儒原非

1

禅，禅亦非儒，成相违谤。若所解非《易》非非《易》，则人将谓儒不成儒，禅不成禅，成戏论谤。乌见其为四悉檀也？"

余曰："是固然。汝独不闻人参善补人，而气喘者服之立毙乎？抑不闻大黄最损人，而中满者服之立瘥乎？春之生育万物也，物固有遇春而烂坏者；夏之长养庶品也，草亦有夏枯者；秋之肃杀也，而菊有黄花；冬之闭藏也，而松柏青青，梅英馥馥。如必择其有利无害者而后为之，天地恐亦不能无憾矣。且佛以慈眼视大千，知群机已熟，然后示生，犹有魔波旬扰乱之，九十五种嫉妒之，提婆达多思中害之，岂惟尧、舜称犹病哉？吾所由解《易》者，无他，以禅入儒，务诱儒以知禅耳。纵令不得四益而起四谤，如从地倒，还从地起。置毒乳中，转至醍醐，厥毒仍在，遍行为外道师，萨遮为尼犍主，意在斯也。"

侍者再拜而谢曰："此非弟子所及也，请得笔而存之。"

崇祯辛巳仲冬
旭道人书于温陵之毫馀楼

卷　一

上经之一

六十四卦皆伏羲所画。夏经以艮居首，名曰《连山》；商经以坤居首，名曰《归藏》。各有繇辞，以断吉凶。文王囚羑里时，系今彖辞，以乾、坤二卦居首，名之曰《易》。周公被流言时，复系爻辞，孔子又为之传以辅翼之，故名《周易》。

古本文王周公彖、爻二辞，自分上下两经。孔子则有上经《彖传》、下经《彖传》，上经《象传》、下经《象传》，乾坤二卦《文言》《系辞上传》《系辞下传》《说卦传》《序卦传》《杂卦传》，共名"十翼"。后人以孔子前之五传，会入上下两经，而《系辞》等五传不可会入，附后别行，即今经也。

可上可下，可内可外，易地皆然，初无死局，故名"交易"。能动能静，能柔能刚，阴阳不测，初无死法，故名"变易"。虽无死局，而就事论事，则上下内外仍自历然；虽无死法，而即象言象，则动静刚柔仍自灿然。此所谓万古"不易"之常经也。

若以事物言之，可以一事一物各对一卦一爻，亦可于一事一物之中，具有六十四卦、三百八十四爻；若以卦爻言之，可以一卦一爻各对一事一物，亦可于一卦一爻之中，具断万事万物，乃至世、出世间一切事物。又一切事物即一事一物，一事一物即一切事物。一切卦爻即一卦一爻，一卦一爻即一切卦爻，故名"交易""变易"。实即不变随缘，随缘不变，互具互造，互入互融之法界耳。

伏羲但有画而无辞，设阴阳之象，随人作何等解，世界悉檀也；文王彖辞，吉多而凶少，举大纲以生善，为人悉檀也；周公爻辞，诫多而吉少，尽变态以劝惩，对治悉檀也；孔子《十传》，会归内圣外王之学，第一义悉檀也。偏说如此，克实论之，四圣各具前三悉檀，开权显实，则各四悉。

乾 ䷀ 乾下乾上

乾：元、亨、利、贞。

六画皆阳，故名为乾。乾者，健也。在天为阳，在地为刚，在人为智、为义，在性为照，在修为观。又，在器界为覆，在根身，为首、为天君。在家为主，在国为王，在天下为帝。或有以天道释，或有以王道释者，皆偏举一隅耳。健则所行无碍，故元、亨，然须视其所健者何事，利、贞之诚。圣人开示学者切要在此，所谓修道之教也。

夫健于上品十恶者必堕地狱，健于中品十恶者必堕畜生，健于下品十恶者必堕鬼趣；健于下品十善者必成修罗，健于中品十善者必生人道，健于上品十善者必生天上；健于上品十善、兼修禅定者，必生色、无色界；健于上品十善、兼修四谛十二因缘观者，必获二乘果证；健于上上品十善、能自利利他者，即名菩萨；健于上上品十善，了知十善即是法界即是佛性者，必圆无上菩提。故十界皆元、亨也。

三恶为邪，三善为正；六道有漏为邪，二乘无漏为正；二乘偏真为邪，菩萨度人为正；权乘二谛为邪，佛界中道为正；分别中边不同为邪，一切无非中道为正。此利、贞之诚，所以当为健行者设也。

初九：潜龙勿用。

龙之为物也，能大能小，能屈能申，故以喻乾德焉。初未尝非龙，特以在下，则宜潜而勿用耳。此如大舜耕历山时，亦如颜子居陋巷乎？其静为复，其变为姤。复则"后不省方"以自养，姤则"施命诰四方"以养众，皆潜之义也。

九二：见龙在田，利见大人。

初如渊，二如田，时位之不同耳。龙何尝有异哉！二、五曰大人，三曰君子，皆人而能龙者也。此如大舜征庸时，亦如孔子遑遑求仕乎？其静为临、为师，其变为同人，皆有利见之义焉。

九三：君子终日乾乾，夕惕若。厉，无咎。

在下之上则地危，纯刚之德则望重，故必终日乾乾。虽至于夕，而犹惕若，所谓"安而不忘危"。危者，安其位者也。此如大舜摄政时，亦如"王臣蹇蹇，匪躬"者乎？其静为泰、为谦，其变为履，皆有乾乾、惕厉之义焉。

九四：或跃在渊，无咎。

初之勿用，必于深渊。四亦在渊，何也？初则潜，四则跃，时势不同，而迹暂同。此如大舜避位时，亦如大臣之休休有容者乎？其静为大壮、为豫，其变为小畜，皆有将飞未飞，以退成进之义焉。

九五：飞龙在天，利见大人。

今之飞者，即昔之或跃或惕或见或潜者也。不如此，安所称大人哉？我为大人，则所见无非大人矣。此如大舜垂衣裳而天下治，亦如一切圣王之御极者乎？其静为夬、为比，其变为大有，皆有利见之义焉。

上九：亢龙有悔。

亢者，时势之穷；悔者，处亢之道也。此如大舜遇有苗弗格，舞干羽于两阶乎？否则不为秦皇、汉武者几希矣。其静为乾、为剥，其动为夬，皆亢而须悔者也。

王阳明曰：乾六爻作一人看，有显晦，无优劣；作六人看，有贵贱，无优劣。

统论六爻表法，通乎世、出世间。若约三才：则上二爻为天，中二爻为人，下二爻为地。若约天时：则冬至后为初爻，立春后为二爻，清明后为三爻，夏为四爻，秋为五爻，九月后为上爻；又乾、坤二卦合论者，十一月为乾初爻，十二月为二爻，正月为三爻，二月为四爻，三月为五爻，四月为上爻，五月为坤初爻，乃至十月为坤上爻也。

若约欲天：则初爻为四王，二忉利，三夜摩，四兜率，五化乐，上他化。若约三界：则初欲界，二、三、四、五色界，上无色界。若约地理：则初为渊底，二为田，三为高原，四为山谷，五为山之正基，上为山顶。若约方位：则初为东，三为南，四为西，六为北，二、五为中。若约家：则初为门外，上为后园，中四爻为家庭。若约国：则初上为郊野，中四爻为城内。若约人类：则初民，二士，三官长，四宰辅，五君主，上太皇、或祖庙。若约一身：则初为足，二为腓，三为股、为限，四为胸为身，五为口、为脢，上为首亦为口。若约一世：则初为孩童，二少，三壮，四强，五艾，上老。

若约六道：则如次可配六爻。又约十界：则初为四恶道，二为人天，三为色、无色界，四为二乘，五为菩萨，上为佛。若约六即：则初理，二名字，三观行，四相似，五分证，上究竟。以要言之，世、出世法，若大若小，若依若正，若善若恶，皆可以六爻作表法。有何一爻不摄一切法，有何一法不摄一切六爻哉？

佛法释乾六爻者：龙乃神通变化之物，喻佛性也。理即位中，佛性为烦恼所覆，故勿用。名字位中，宜参见师友，故利见大人。观行位中，宜精进不息，故日乾夕惕。相似位中，不著似道法爱，故或跃在渊。分证位中，八相成道，利益群品，故为人所利见。究竟位中，不入涅槃，同流九界，故云有悔。此原始要终，兼性与修而言之也。

若单约修德者：阳为智德，即是慧行。初心乾慧，宜以定水济之，不宜偏用；二居阴位，定、慧调适，能见佛性，故云利见大人；三以慧性遍观诸法；四以定水善养其机；五则中道、正慧证实相理；上则觅智慧相了不可得。

又约通塞而言之者：初是浅慧，故不可用，上是慧过于定，故不可用，中之四爻皆是妙慧，二如开佛知见，三如示佛知见，四如悟佛知见，五如入佛知见也。

用九：见群龙无首，吉。

六十四卦，共计三百八十四爻。阴阳各半，则阳爻共有百九十二。此周公总明一切阳爻所以用九而不用七之旨也，盖七为少阳，静而不变；九为老阳，动而变阴。今若筮得乾卦，六爻皆九，则变为坤卦。不惟可知大始，亦且可作成物。而六龙不作六龙用，其变化妙无端倪矣。此如大舜荐禹于天，不以位传其子；亦如尧舜之犹病，文王之望道未见，孔子之圣仁岂敢乎？

若约佛法释者：用九，是用有变化之慧，不用七之无变化慧也。阳动，即变为阴，喻妙慧必与定俱。《华严》云："智慧了境同三昧。"大慧云："一悟之后，稳贴贴地。"皆是此意。群龙者，因中三观，果上三智也。观之与智，离四句，绝百非，不可以相求，不可以识识，故无首而吉。

《象》曰：大哉乾元！万物资始，乃统天。云行雨施，品物流形。

此孔子《象传》，所以释文王之象辞者也。释象之法，或阐明文王言中之奥，或点示文王言外之旨，或借文王言句而自出手眼，别申妙义，事非一概。今乾、坤二卦，皆是自出手眼，或亦文王言外之旨。

此一节是释元、亨二字，以显性德法尔之妙，所谓"无不从此法界流"也。盖乾之德不可胜言，而惟元能统之。元之德不可名状，惟于万物资始处验之。始者，对终而言，不始不足以致终，不终不足名资始，即始而终，故曰统天。举凡云行雨施，品物流行，莫非元之德用，所谓始则必亨者也。

大明终始，六位时成，时乘六龙以御天。

此一节，是显圣人以修合性，而自利功圆也。圣人见万物之资始，便能即始见终，知其由终有始，始终止是一理。但约时节、因缘假分六位，达此六位，无非一理，则位位皆具龙德，而可以御天矣。天即性德也，修德有功，性德方显，故名御天。

乾道变化，各正性命。保合太和，乃利、贞。

此一节是释利、贞二字，以显性德本来融遍，所谓"无不还归此法界"也。盖一切万物既皆资始于乾元，则罔非乾道之变化。既皆乾道变化，则必各得乾道之全体大用，非是乾道少分功能，故能各正性命。物物具乾道全体，又能保合太和，物物具乾元，资始大用，乃所谓利贞也。

首出庶物，万国咸宁。

此一节，是显圣人修德功圆，而利他自在也。

统论一传宗旨，乃孔子借释象、爻之辞，而深明性修不二之学。以乾表雄猛不可沮坏之佛性，以元、亨、利、贞表佛性本具常、乐、我、净之四德。佛性必常，常必备乎四德，竖穷横遍，当体绝待，故曰大哉乾元。试观世间万物，何一不从真常佛性建立？设无佛性，则亦无三千性相，百界千如。故举一常住佛性，而世间果报天、方便净天、实报义天、寂光大涅槃天，无不统摄之矣！依此佛性常住法身，遂有应身之云，八教之雨，能令三草二木各称种性而得生长，而圣人则于诸法实相，究尽明了。

所谓实相，非始非终，但约究竟：彻证名之为终，众生理本名之为始。知其始亦佛性，终亦佛性，不过因于迷悟时节、因缘，假立六位之殊。位虽分六，位位皆龙，所谓"理即佛"，乃至"究竟即佛"。乘此即而常六之修德，以显六而常即之性德，故名乘六龙以御天也。此常住佛性之乾道，虽亘古亘今不变不坏，而具足一切变化功用，故能使三草二木各随其位而证佛性。既证佛性，则位位皆是法界，统一切法无有不尽，而保合太和矣！所以如来成道，首出九界之表，而刹海众生，皆得安住于佛性中也。

《象》曰：天行健，君子以自强不息。

六十四卦《大象传》，皆是约观心释，所谓无有一事一物而不会归于即心自性也。本由法性不息，所以天行常健，今法天行之健而自强不息，则以修合性矣。

"潜龙勿用"，阳在下也。"见龙在田"，德施普也。"终日乾乾"，反复道也。"或跃在渊"，进无咎也。"飞龙在

天"，大人造也。"亢龙有悔"，盈不可久也。"用九"，天德不可为首也。

文并可知。佛法释者：法身流转五道名曰众生，故为潜龙，理即法身，不可用也；具缚凡夫，能知如来秘密之藏，故德施普；十乘妙观，念念熏修，故反复道；不住相似中道法爱，故进无咎；八相成道，广度众生，故是大人之事；无住大般涅槃，亦不毕竟入于灭度，尽未来时，同流九界，故盈不可久；但恃性德，便废修德，全以修德而为教门，故天德不可为首。

冯文所曰：其潜藏者，非谓有时而发用也，即发用而常潜藏也；其在下者，非谓有时而上也，其上者不离乎下也。乾卦所谓勿用之潜龙，即大衍所谓勿用之一也。

《文言》曰：元者，善之长也；亨者，嘉之会也；利者，义之和也；贞者，事之干也。

六十四卦不出阴阳二爻。阴阳之纯，则为乾坤二卦。乾坤二义明，则一切卦义明矣，故特作《文言》一传以申畅之。此一节先明性德也。

君子体仁足以长人，嘉会足以合礼，利物足以和义，贞固足以干事。

此一节明修德也。

君子行此四德者，故曰："乾，元、亨、利、贞。"

此一节结显以修合性也。非君子之妙修，何能显乾健之本性哉？

统论乾坤二义，约性则寂照之体，约修则明静之德，约因则止观之功，约果则定慧之严也。若性若修，若因若果，无非常、乐、我、净。常、乐、我、净之慧，名一切种智；常、乐、我、净之定，名首楞严定。所以，乾坤各明元、亨、利、贞四德也。今以儒理言之，则为仁、义、礼、智。若一往对释者，仁是常德，体无迁故；礼是乐德，具庄严故；义是我德，裁制自在故；智是净德，无昏翳故。若互摄互含者，仁、礼、义、智性恒故常，仁、礼、义、智以为受用故乐，仁、礼、义、智自在满足故我，仁、礼、义、智无杂无垢故净。又四德无杂故为仁，四德周备故为礼，四德相摄故为义，四德为一切法本故为智也。

初九曰"潜龙勿用"，何谓也？子曰：龙德而隐者也，不易乎世，不成乎名。遁世无闷，不见是而无闷。乐则行之，忧则违之。确乎其不可拔，潜龙也。

约圣德释，如文可解。若约理即释者：龙德而隐，即所谓隐名如来藏也。昏迷倒惑，其理常存，故不易乎世。佛性之名未彰，故不成乎名。终日行而不自觉，枉入诸趣。然毕竟在凡不减，故遁世无闷，不见是而无闷。乐则行之，而行者亦是佛性；忧则违之，而违者亦是佛性。终日随缘，终日不变，故确乎其不可拔也。

九二曰"见龙在田，利见大人"，何谓也？子曰：龙德而正中者也。庸言之信，庸行之谨，闲邪存其诚，善世而不伐，德博而化。《易》曰"见龙在田，利见大人"，君德也。

文亦可解。若约名字即佛释者，庸言庸行，只是身口七支，以知法性无染污故，随顺修行尸波罗密，从此闲九界之邪，而存佛性之诚。初心一念圆解善根，已超三乘权学尘劫功德，而不自满假，故其德虽博，亦不存德博之想，以成我慢也。发心毕竟二不别，如是二心先心难，故虽名字初心，已具佛知、佛见而为君德。

九三曰"君子终日乾乾，夕惕若。厉，无咎"，何谓也？子曰：君子进德修业。忠信，所以进德也；修辞立其诚，所以居业也。知至至之，可与几也；知终终之，可与存义也。是故居上位而不骄，在下位而不忧，故乾乾因其时而惕，虽危无咎矣。

忠信是存心之要，而正所以进德；修辞立诚，是进修之功，而正所以居业，此合外内之道也。可往则往是其几，可止则止是其义，进退不失其道，故上下无不宜矣。

若约佛法六即释者：正观行位中圆妙功夫也。直心正念真如，名为忠信，所以进德而为正行也。随说法净，则智慧净。导利前人，化功归己，名为修辞立诚，所以居业而为助行也。知至至之是妙观，知终终之是妙止，止观双行，定慧具足，则能上合诸佛慈力而不骄，下合众生悲仰而不忧矣。

九四曰"或跃在渊，无咎"，何谓也？子曰：上下无常，非为邪也；进退无恒，非离群也。君子进德修业，欲及时也，故无咎。

此正阐明舜、禹避位，仍即登位之心事也。

若约佛法者：直观不思议境为上，用余九法助成为下；心心欲趋萨婆若海为进，深观六即不起上慢为退。欲及时者，欲于此生了办大事也！此身不向今生度，更向何生度此身？设不证入圆住正位，不名度二死海。

九五曰"飞龙在天，利见大人"，何谓也？子曰：同声相应，同气相求。水流湿，火就燥，云从龙，风从虎，圣人作而万物睹。本乎天者亲上，本乎地者亲下，则各从其类也。

此明圣人垂衣裳而天下治，初非有意有造作也。

佛法释者：如来成正觉时，悉见一切众生成正觉。初地离异生性，入同生性，大乐欢喜，悉是此意。乃至证法身已，入普现色身三昧，在天同天，在人同人，皆所谓利见大人，法界六道所同仰也。

上九曰"亢龙有悔"，何谓也？子曰：贵而无位，高而无民，贤人在下位而无辅，是以动而有悔也。

李衷一曰：从来说圣人无亢，却都从履"满招损"上看。夫子乃以无位、无民、无辅表之，此尧舜有天下而不与之心也，非位丧、民叛、贤人离去之谓也。动字下得妙，无停思，无贰虑。天下极重难反之局，止在圣人一反掌间。致悔之由，止在一动；处亢之术，止在一悔。

佛法释者：法身不堕诸数，故贵而无位；佛果出九界表，故高而无民；寂光非等觉以下境界，故贤人在下位而无辅。是以究竟位中，必逆流而出，示同九界，还现婴儿行及病行也。

"潜龙勿用"，下也。"见龙在田"，时舍也。"终日乾乾"，行事也。"或跃在渊"，自试也。"飞龙在天"，上治也。"亢龙有悔"，穷之灾也。乾元"用九"，天下治也。

此以时位重释六爻之义也。用九而曰乾元，正显乾卦全体大用，亦显潜、见、惕、跃、飞、亢，皆无首而皆吉。

佛法释者：理即佛为贬之极，故下。名字即佛，未有功夫，故时舍。五品位正修观行，故行事。相似位拟欲证真，故自试。分证位八相成道，故上治。究竟位不住涅槃，故穷之灾。用九，则以修合性，故天下治也。

"潜龙勿用"，阳气潜藏。"见龙在田"，天下文明。"终日乾乾"，与时偕行。"或跃在渊"，乾道乃革。"飞龙在天"，乃位乎天德。"亢龙有悔"，与时偕极。乾元"用九"，乃见天则。

此兼约德之与时，再释六爻之义也。与时偕极，对与时偕行看，皆所谓时乘御天者也。乃见天则，则潜而勿用亦天则，乃至亢而有悔亦天则也。

佛法释者：佛性隐在众生身中，故潜藏。一闻佛性，则知心、佛、众生三无差别，故天下文明。念念与观慧相应无间，故与时偕行。舍凡夫性，入圣人性，故乾道乃革。由证三德，方坐道场，故位乎天德。天德者，天然之性德也。极则必返，证佛果者，必当同流九界，性必具修，全性起修，乃见性修不二之则。

"乾元"者，始而亨者也。"利、贞"者，性情也。乾始能以美利利天下，不言所利，大矣哉！

前约仁、礼、义、智四德，以释元、亨、利、贞。今更申明四德，一以贯之，统惟属乾，而非判然四物也。举一乾字，必具元德；举一元字，必统四德。元之大，即乾之大矣！

大哉乾乎！刚健中正，纯粹精也。六爻发挥，旁通情也。

乾具四德，而非定四，故大，故复以刚健等七字而深赞之。卦言其体，爻言其用；卦据其定，爻据其变。体大则用亦大，体刚健、中正、纯粹精，则用亦刚健、中正、纯粹精矣。

"时乘六龙"，以御天也。"云行雨施"，天下平也。

上明乾德体必具用，此明圣人因用以得体也。

佛法释者：此章申明性必具修，修全在性也。佛性常住之理名为乾元，无一法不从此法界而始，无一法不由此法界而建立生长，亦无有一法而不即以此法界为其性情。所以佛性常住之理，遍能出生成就百界千如之法，而实无能生所生，能利所利。以要言之，即不变而随缘，即随缘而不变。

竖穷横遍，绝待难思，但可强名之曰大耳。其性雄猛，物莫能坏，故名刚；依此性而发菩提心，能动无边生死大海，故名健；非有无真俗之二边，故名中；非断常空假之偏法，故名正；佛性更无少法相杂，故名纯；是万法之体要，故名粹；无有一微尘处，而非佛性之充遍贯彻者，故名精。所以只此佛性乾体，法尔具足六爻始终修证之相，以旁通乎十界迷悟之情，此所谓性必具修也。圣人乘此即而常六之龙，以御合于六而常即之天，自既以修合性，遂能称性起于身云，施于法雨，悉使一切众生同成正觉而天下平，此所谓全修在性也。

君子以成德为行，日可见之行也。"潜"之为言也，隐而未见，行而未成，是以君子弗用也。

此下六爻，皆但约修德，兼约通塞言之。

佛法释者：成德为行，谓依本自天成之性德而起行也。既全以性德为行，则狂心顿歇，歇即菩提，故为日可见之行也。然犹云潜者，以其虽则开悟，习漏未除，故佛性犹为虚妄烦恼所隐而未现。而正助二行，尚在观行相似，未成般若、解脱二德，是以君子必以修德成之，而弗专用此虚解也。

君子学以聚之，问以辩之，宽以居之，仁以行之。《易》曰"见龙在田，利见大人"，君德也。

学问是闻慧，宽居是思慧，仁行是修慧。从三慧而入圆住，开佛知见，即名为佛，故云君德。

九三，重刚而不中，上不在天，下不在田，故乾乾因其时而惕。虽危，无咎矣！

重刚者，自强不息，有进而无退也。不中者，不着中道而匆匆取证也。上不在天者，未登十地入佛知见也。下不在田者，已超十住，开佛知见。因时而惕，正是不思议十行法门，遍入法界，而能行于非道，通达佛道，故虽危无咎。

九四，重刚而不中，上不在天，下不在田，中不在人，故"或"之。"或"之者，疑之也，故无咎。

重刚不中，亦如上说。中不在人，谓已超十行，示佛知见也。或之者，回事向理，回因向果，回自向他，和融法界而无所偏倚，有似乎疑之也。疑者，拟议以成变化之谓，故虽似有修证之事，而实无事也。

夫"大人"者，与天地合其德，与日月合其明，与四时合其序，与鬼神合其吉凶。先天而天弗违，后天而奉天时。天且弗违，而况于人乎？况于鬼神乎？

十地入佛知见，如天普覆，如地普载，如日照昼，如月照夜，如四时次序之始终万物，如鬼神吉凶之折摄群机。根本妙智，穷法界无始之始；差别妙智，建法界无时之时。理既相契弗违，则凡人与鬼神总囿于一理者，安得不相顺而利见哉！

"亢"之为言也，知进而不知退，知存而不知亡，知得而不知丧，其唯圣人乎！知进退存亡而不失其正者，其唯圣人乎！

凡有慧无定者，惟知佛性之可尚，而不知法身之能流转五道也；惟知佛性之无所不在，而不知背觉合尘之不亡而亡也；惟知高谈理性之为得，而不知拨无修证之为丧也。惟圣人能知进退存亡之差别，而进亦佛性，退亦佛性，存亦佛性，亡亦佛性。进退存亡不曾增减佛性，佛性不碍进退存亡，故全性起修，全修在性，而不失其正也。若徒恃佛性，不几亢而非龙乎？

又约究竟位中解者：示现成佛是知进，示现九界是知退，示现圣行、梵行、婴儿行是知存，示现病行是知亡，而于佛果智断无所缺减，是不失其正也。

坤 ䷁ 坤下坤上

坤：元、亨，利牝马之贞。君子有攸往，先迷后得主，利。西南得朋，东北丧朋，安贞吉。

六画皆阴，故名为坤。坤者，顺也。在天为阴，在地为柔，在人为仁，在性为寂，在修为止，又在器界为载，在根身为腹为腑脏，在家为妻，在国为臣。顺则所行无逆，故亦元、亨。然必利牝马之贞，随顺牡马而不乱。其在君子之体坤德以修道也，必先用乾智以开圆解，然后用此坤行以卒成之。若未有智解，先修定行，则必成暗证之迷。惟随智后用之，则得主而有利。如目足并运，安稳入清凉池；亦如巧力并具，能中于百步之外也。若往西南，则但得阴之朋类，如水济水，不堪成事；若往东北，则丧其阴之朋党，而与智慧相应，方安于定慧均平之贞而吉也。

《彖》曰：至哉坤元！万物资生，乃顺承天。坤厚载物，德合无疆。含弘光大，品物咸亨。牝马地类，行地无疆，柔顺利贞。君子攸行，先迷失道，后顺得常。"西南得朋"，乃与类行；"东北丧朋"，乃终有庆。"安贞"之吉，应地无疆。

此传详释彖辞。先约地道明坤四德，次明君子体坤德而应地道也。资始所以禀气，资生所以成形。由禀气故，方得成形，故名顺承天也。德合无疆，言其与天合德。西南，则兑、离以及于巽，皆阴之类；东北，则震、艮以至坎、乾，可赖之以终吉矣。

佛法释者：以坤表多所含蓄，而无积聚之如来藏性。约智名乾，约理名坤；约照名乾，约寂名坤；又可约性名乾，约修名坤；又可修中慧行名乾，行行名坤。乾坤实无先后，以喻理智一如，寂照不二，性修交彻，福慧互严。今于无先后中说先后者，由智故显理，由照故显寂，由性故起修，由慧故导福，而理与智冥，寂与照一，修与性合，福与慧融，故曰至哉坤元，万物资生，乃顺承天也。称理之行，自利利他，一行一切行，故德合于无疆之智，而含弘光大也。牝马行地，虽顺而健，三昧随智慧行，所以为佛之三昧也。

夫五度如盲，般若如导，若以福行为先，则佛知见未开，未免落于旁蹊曲径而失道。惟以智导行，行顺于智，则智常而行亦常，故西南得朋，不过与类俱行而已。惟东北丧朋，则于一一行中具见佛性，而行行无非法界。当体绝待，终有庆矣。所以安贞之吉，定慧均平，乃可应如来藏性之无疆也。

《象》曰：地势坤。君子以厚德载物。

性德本厚，所以地势亦厚。今法地势以厚积其德，荷载群品，正以修合性之真学也。

初六：履霜，坚冰至。

《象》曰："履霜，坚冰"，阴始凝也。驯致其道，至"坚冰"也。

此爻其静为姤[①]，其变为复。姤[②]则必至于坤，复则必至于乾，皆所谓驯致其道者也。问曰：乾坤之初爻，等耳？乾胡诫以勿用，

---

①② "姤"，原作"垢"。

坤胡决其必至乎？答曰：阳性动，妄动恐其泄也，故诫之；阴性静，安静则有成也，故决之。积善积恶，皆如履霜。余庆余殃，皆如坚冰。阳亦有刚善刚恶，阴亦有柔善柔恶，不当偏作阴柔邪恶释之。

《说统》云：善乾恶坤，此晋、魏大谬处。《九家易》曰：霜者，乾之命；坚冰者，阴功成也。京氏曰：阴虽柔顺，气则坚刚，为无邪气也。阴中有阳，气积万象。孙闻斯曰：陨霜不杀菽，冬无冰，春秋皆记异。然时霜而霜，时冰而冰，正令正道，以坚冰为至，而至之自初也，如是谓凝谓顺。冰毕竟是阴之所结，然惟阳伏于内，故阴气外洹而为冰。圣人于乾曰为冰，明是此处注脚。驯致二字，正表坤德之顺处。脚跟无霜，不秋而凋；面孔无血，见敌辄走。

若约佛法释者：乾之六爻，兼性修而言之；坤之六爻，皆约修德定行而言。初、上二爻，表世间味禅之始终。中间四爻，表禅波罗密具四种也。二即世间净禅而达实相，三即亦世间亦出世禅，四即出世间禅，五即非世间非出世禅。

又借乾爻对释：初九有慧无定，故勿用，欲以养成其定；初六以定含慧，故如履霜，若驯致之，则为坚冰之乾德。九二中道妙慧，故利见大人；六二中道妙定，故无不利。九三慧过于定，故惕厉而无咎；六三定有其慧，故含章而可贞。九四慧与定俱，故或跃而可进；六四定过于慧，故括囊而无誉。九五大慧中正，故在天而利见；六五大定即慧，故黄裳而元吉，亢以慧有定而知悔，战则定无慧而道穷也。

又约乾为正行，坤为助行者，坤之六爻即表六度：布施如履霜，驯之可致坚冰，冰者，乾德之象，故云乾为冰也；持戒则直、方、大，摄律仪故直，摄善法故方，摄众生故大；忍辱为含章，力中最故；精进如括囊，于法无遗失故；禅定如黄裳，中道妙定遍法界故；智慧如龙战，破烦恼贼故。

六二：直、方、大，不习无不利。

《象》曰：六二之动，直以方也。"不习无不利"，地道光也。

纯柔中正，顺之至也。顺理故直，依理而动故方。既直且方，则必大矣。此地道本具之德，非关习也。

佛法释者：世间净禅即是实相，故直、方、大。正念真如为直，定之体也；善法无缺为方，定之相也；功德广博为大，定之用也。世间净禅法尔本具实相三德，能于根本禅中通达实相，故不习而无不利也。向净禅中，觌实相理，名之为动，动则三德之理现前，于禅开秘密藏，故地道光。

六三：含章可贞，或从王事，无成有终。

《象》曰："含章可贞"，以时发也。"或从王事"，知光大也。

苏眉山曰：三有阳德，苟用其阳，则非所以为坤也，故有章而含之。有章则可以为正矣。然以其可正而遂专之，亦非所以为坤也，故从事而不造事，无成而代有终。

佛法释者：亦世间亦出世禅，亦爱亦策，故含章而可贞。或从一乘无上王三昧事，则借此可发出世上上妙智而有终，不复成次第禅矣。

六四：括囊，无咎无誉。

《象》曰："括囊，无咎"，慎不害也。

得阴之正，而处于上卦之下，位高任重，故括囊以自慎焉。

吴幼清曰：坤体虚而容物，囊之象也。四变为奇，塞压其上，犹括结囊之上口。人之谨闭其口而不言，亦犹是也。苏眉山曰：咎与誉，人之所不能免也。出乎咎，必入乎誉；脱乎誉，必罹乎咎。咎所以致罪，而誉所以致疑也。甚矣，无誉之难也！

佛法释者：出世间禅切忌取证，取证则堕声闻辟支佛地。虽无生死之咎，亦无利他之誉矣。若能慎其誓愿，不取小证，则不为大乘之害也。

六五：黄裳元吉。

《象》曰："黄裳元吉"，文在中也。

黄者，中色，君之德也。裳者，下饰，臣之职也。三分天下有其二，以服事殷，斯之谓乎？

佛法释者：非世间非出世禅，禅即中道实相，故黄；不起灭定，现诸威仪，同流九界，故如裳；此真无上菩提法门，故元吉。定慧庄严，名之曰文；全修在性，名文在中。

上六：龙战于野，其血玄黄。

《象》曰："龙战于野"，其道穷也。

其静为夬，其变为剥，皆有战之义焉。善极则断恶必尽，恶极则断善必尽，故穷则必战，战则必有一伤也。

陈旻昭曰：此天地既已定位，而震龙欲出，故战于野也。震为龙，为玄黄，气已盛，故为血。穷乎上者必反下，故为屯卦之初爻。夫乾坤立而有君，故次之以屯；有君则有师，故次之以蒙。屯明君道，蒙明师道，乾坤即天地父母。合而言之，天地君亲师也。

佛法释者：无想天灰凝五百劫而堕落，非非想天八万大劫而还作飞狸牛虫，乃至四禅无闻比丘堕阿鼻狱，皆偏用定，而不知以慧济之，故至于如此之穷。

用六：利永贞。

《象》曰：用六"永贞"，以大终也。

此总明百九十二阴爻所以用六而不用八之旨也。八为少阴，静而不变；六为老阴，动而变阳。今筮得坤卦，六爻皆六，则变为乾卦，不惟顺承乎天，亦且为天行之健矣。

佛法释者：用八如不发慧之定，用六如发慧之定。发慧之定，一切皆应久修习之。禅波罗密至佛方究竟满，故曰大终。

《文言》曰：坤，至柔而动也刚，至静而德方。后得主而有常，含万物而化光。坤道其顺乎！承天而时行。

此仍以地道申赞坤之德也。赞乾，则自元而亨而利而贞；赞坤，则自贞而利而亨而元。乾之始必彻终，而坤之终必彻始也。文并可知。

佛法释者：即是直赞禅波罗密，以其住寂灭地，故至柔、至静；以其能起神通变化，普应群机，感而遂通，故动刚、德方。由般若为导而成，故后得主而有常，所谓般若常故禅亦常也。于禅中具足万行，一一妙行与智相应，导利含识，故含万物而化光。非智不禅，故坤道为顺；非禅不智，故承天时行也。

积善之家，必有余庆；积不善之家，必有余殃。臣弑其君，子弑其父，非一朝一夕之故，其所由来者渐矣，由辩之不早辩也。《易》曰"履霜，坚冰至"，盖言顺也。

顺，即驯致其道之谓。洪化昭曰：臣而顺，必不弑君；子而顺，必不弑父。此正所谓辩之于早者，不作慎字解。陈非白问曰：何故积善余庆、积恶余殃，不发明于乾之初爻，而明于坤之初爻耶？答曰：乾是智巧，坤是圣力。非智巧则不能知善知恶，非圣力则不能积善积恶，故曰乾知大始，坤作成物。

佛法释者：十善为善，十恶为不善；无漏为善，有漏为不善；利他为善，自利为不善；中道为善，二边为不善；圆中为善，但中为不善。善即君父之义，不善即臣子之义。以善统御不善，则不善即善之臣子；以不善妨碍于善，则善遂为不善所障，如君父之被弑矣。所以千里之行，始于一步，必宜辩之于早也。

"直"，其正也；"方"，其义也。君子敬以直内，义以方外，敬义立而德不孤。"直、方、大，不习无不利"，则不疑其所行也。

惟正故直，惟义故方，直、方皆本具之德。而敬之一字，乃君子修道之要术也。敬即至顺，顺则必直且方而德不孤，可谓大矣。

佛法释者：正念真如，是定之内体。具一切义，而无减缺，是定之外相。既具内体外相，则必大用现前而德不孤，所以于禅开秘密藏，了了见于佛性而无疑也。

阴虽有美，含之以从王事，弗敢成也。地道也，妻道也，臣道也。地道无成，而代有终也。

文义可知。佛法释者：亦世间亦出世禅，虽即具足实相之美，但含而未发，以此为王三昧之助，弗宜偏修以至成也。盖禅定随智慧行，如地承天，如妻随夫，如臣辅君。然智慧不得禅定，则不能终其自利利他之事，故禅定能代有终也。

天地变化，草木蕃；天地闭，贤人隐。《易》曰"括囊，无咎无誉"，盖言谨也。

能谨则可以成变化，变化则草木亦蕃；不谨则天地必闭，闭则虽贤人亦隐矣，安得不括囊哉？

佛法释者：定慧变化，则三草二木各得润泽生长。若入于出世果证，则灰身泯智，而无利生之事矣。故修此法门者，不可以不谨也。

君子黄中通理，正位居体。美在其中，而畅于四支，发于事业，美之至也。

黄是中色，即表中德。德虽在中，而通乎腠理，故虽属正位，仍居四体。此释黄裳义也。美在其中等，重牒上义以释元吉之义。

佛法释者：以黄中三昧，而通达实相之理。实相虽名正位，遍入一切诸法而居众体，盖惟深证非世间非出世上上之禅，故能畅于四支，发于事业，而三轮不思议化，普利法界，乃为美之至也。

阴疑于阳必战。为其嫌于无阳也，故称"龙"焉。犹未离其类也，故称"血"焉。夫"玄黄"者，天地之杂也，天玄而地黄。

夫阴阳皆本于太极，则本于体，何至相疑而战哉？阳者见之谓之阳，不知与阴同体，故疑阴而必战；阴者见之谓之阴，不知与阳同体，故亦疑阳而必战。方阴之盛而战阳，则有似乎无阳，故称龙，以明阳本未尝无焉。逮阴之动而变阳，则似离乎阴类，故称血，以明阴仍未离类焉。夫惟动而将变，故玄黄相杂耳。变定之后，天玄地黄，岂可杂哉？

子韶《风草颂》云：君子何尝去小人，小人如草去还生。但令鼓舞心归化，不必区区务力争。得此旨者，可以立消朋党之祸。不然，君子疑嫌小人，小人亦疑嫌君子，不至于两败俱伤者几希矣。

佛法释者：始则误认四禅为四果，及至后阴相现，则反疑四果不受后有之说为虚，而起谤佛之心，是必战也。然世间岂无真证四果智德者耶？故称龙，以显四果之非虚焉。彼虽自谓四果，止是暗证味禅，实未离于生死之类，故称血，以定其类焉。夫玄黄者，定慧俱伤之象也。以定伤慧，慧伤而定亦伤，然此俱约修德，故言伤耳。若本有寂照之性，则玄自玄，黄自黄，虽阐提亦不能断性善，虽昏迷倒惑，其理常存，岂可得而杂哉？

又观心释者：阴阳各论善恶。今且以阴为恶，以阳为善，善恶无性，同一如来藏性，何疑何战？惟不达性善性恶者，则有无相倾。起轮回见而必战，战则埋没无性之妙性，似乎无阳，故称龙以显性善之不断焉。既以善恶相抗则二俱有漏，故称血以显未离生死类焉。夫善恶相倾夺者，由未达妙性体一，而徒见幻妄事相之相杂也。实则天玄地黄，性不可改，何嫌何疑，何法可相战耶？善恶不同，而同是一性，如玄黄不同，而同是眼识相分；天地不同，而同一太极；又如妍媸影像不同，而同在一镜也。若知不同而同，则决不敢对相除而成战。若知同而不同，则决应熏习无漏善种以转恶矣。

卷　二

上经之二

屯 ䷂ 震下坎上

屯：元、亨、利、贞。勿用有攸往，利建侯。

乾坤始立，震一索而得男，为动为雷；坎再索而得男，为陷为险，为云为雨，乃万物始生之时，出而未申之象也。始则必亨，始或不正，则终于不正矣，故元、亨而利于正焉。此元、亨、利、贞，即乾坤之元、亨、利、贞也。乾坤全体太极，则屯亦全体太极也。而或谓乾坤二卦大，余卦小，不亦惑乎？夫世既屯矣，倘务往以求功，只益其乱。唯随地建侯，俾人人各归其主，各安其生，则天下不难平定耳。杨慈湖曰：理屯如理丝，固自有其绪。建侯，其理之绪也。

佛法释者：有一劫初成之屯，有一世初生之屯，有一事初难之屯，有一念初动之屯。初成、初生、初难，姑置弗论；一念初动之屯，今当说之。盖乾坤二卦，表妙明明妙之性觉，性觉必明，妄为明觉，所谓真如不守自性。无明初动，动则必至因明立所而生妄能，成异立同，纷然难起，故名为屯。然不因妄动，何有修德？故

曰：无明动而种智生，妄想兴而涅槃现，此所以元、亨而利、贞
也。但一念初生，既为流转根本，故勿用有所往。有所往，则是顺
无明而背法性矣。惟利即于此处用智慧深观察之，名为建侯。若以
智慧观察，则知念无生相，而当下得太平矣。观心妙诀，孰过于此？

《象》曰：屯，刚柔始交而难生，动乎险中，大亨贞。
雷雨之动满盈。天造草昧，宜建侯而不宁。

乾坤立而刚柔交，一索得震为雷，再索得坎为雨，非难生乎？
由动故大亨，由在险中故宜贞。夫雷雨之动，本天地所以生成万
物，然方其盈满交作时，则天运尚自草乱昧暝。诸侯之建，本圣
王所以安抚万民，然方其初建，又岂可遽谓宁贴哉？

佛法释者：无明初动为刚，因明立所为柔。既有能所，便为
三种相续之因，是难生也。然此一念妄动，既是流转初门，又即
还灭关窍，惟视其所动何如耳。当此际也，三细方生，六粗顿具，
故为雷雨满盈、天造草昧之象。宜急以妙观察智重重推简，不可
坐在灭相无明窠臼之中。盖凡做功夫人，若见杂念暂时不起，便
妄认为得力，不知灭是生之窟宅，故不可守此境界，还须推破之也。

《象》曰：云雷屯。君子以经纶。

在器界，则有云雷以生草木。在君子，则有经纶以自新、新
民。约新民论经纶，古人言之详矣。约自新论经纶者，竖观此心
不在过、现、未来，出入无时，名为经；横观此心不在内外中间，
莫知其乡，名为纶也。

佛法释者：迷于妙明明妙真性，一念无明动相即为雷，所现
晦昧境界之相即为云，从此便有三种相续，名之为屯。然善修圆
顿止观者，只须就路还家，当知一念动相即了因智慧性，其境界

相即缘因福德性。于此缘了二因，竖论三止三观名经，横论十界百界千如名纶也。此是第一观不思议境。

初九：磐桓，利居贞，利建侯。

有君德而无君位，故磐桓而利居贞。其德既盛，可为民牧，故利建侯以济屯也。

佛法释者：一念初动，一动便觉，不随动转，名为磐桓。所谓不远之复，乃善于修证者也。由其正慧为主，故如顿悟法门。

《象》曰：虽"磐桓"，志行正也。以贵下贱，大得民也。

磐桓不进，似无意于救世，然斯世决非强往求功者所能救，则居贞乃所以行正耳。世之屯也，由上下之情隔绝。今能以贵下贱，故虽不希望为侯，而大得民心，不得不建之矣。

佛法释者：不随生死流，乃其随顺法性流而行于正者也。虽复顿悟法性之贵，又能不废事功之贱，所谓以中道妙观遍入因缘事境。故正助法门并得成就，而大得民。

六二：屯如邅如，乘马班如，匪寇婚媾。女子贞不字，十年乃字。

柔德中正，上应九五，乃乘初九得民之侯，故邅如、班如而不能进也。初本非寇，而二视之则以为寇矣。吾岂与寇为婚媾哉？宁守贞而不字，至于十年之久，乃能字于正应耳。

吴幼清曰：二三四在坤为数十，过坤十数，则逢五正应而许嫁矣。

佛法释者：此如从次第禅门修证功夫。盖以六居二，本是中正定法，但不能顿超，必备历观练熏修诸禅方见佛性，故为十年乃字。

《象》曰：六二之难，乘刚也。"十年乃字"，反常也。

乘刚故自成难，非初九难之也。数穷时极，乃反于常，明其不失女子之贞。

佛法释者：乘刚即是烦恼障重，故非次第深修诸禅，不足以断惑而反归法性之常。

六三：即鹿无虞，惟入于林中。君子几，不如舍，往吝。

欲取天下，须得贤才，譬如逐鹿须藉虞人。六三自既不中不正，又无应与，以此济屯，屯不可济，徒取羞耳。

佛法释者：欲修禅定，须假智慧。自无正智，又无明师良友，瞎炼盲修，则堕坑落堑不待言矣。君子知几，宁舍蒲团之功，访求知识为妙。若自信自恃，一味盲往，必为无闻比丘，反招堕落之吝。

《象》曰："即鹿无虞"，以从禽也。君子舍之，"往吝"穷也。

尧舜揖让，固是有天下而不与；汤武征诛，亦是万不得已，为救斯民，非富天下。今六三不中不正，居下之上，假言济屯，实贪富贵，故曰以从禽也。从禽已非圣贤安世之心，况无应与，安得不吝且穷哉？

佛法释者：贪著味禅，名为从禽，本无菩提大志愿故。

六四：乘马班如，求婚媾。往吉，无不利。

柔而得正，居坎之下，近于九五，进退不能自决，故乘马而班如也。夫五虽君位，不能以贵下贱，方屯其膏；初九得民于下，实我正应，奈何不急往乎，故以吉无不利策之。

佛法释者：六四正而不中，以此定法而修，则其路迂远难进。惟求初九之明师良友以往，则吉无不利矣。

《象》曰：求而往，明也。

佛法释者：不恃禅定功夫，而求智慧师友，此真有抉择之明者也。

九五：屯其膏，小贞吉，大贞凶。

屯难之世，惟以贵下贱，乃能得民。今尊居正位，专应六二，膏泽何由普及乎？夫小者患不贞一，大者患不广博，故在二则吉，在五则凶也。

佛法释者：中正之慧固可断惑，由其早取正位，则堕声闻辟支佛地。所以四弘膏泽不复能下于民，在小乘则速出生死而吉，在大乘则违远菩提而凶。

《象》曰："屯其膏"，施未光也。

非无小施，特不合于大道耳。

上六：乘马班如，泣血涟如。

以阴居阴，处险之上，当屯之终，三非其应，五不足归，而初九又甚相远，进退无据，将安归哉？

佛法释者：一味修于禅定，而无慧以济之。虽高居三界之顶，不免穷空轮转之殃，决不能断惑出生死，故乘马班如；八万大劫，仍落空亡，故泣血涟如。

《象》曰："泣血涟如"，何可长也？

佛法释者：八万大劫，究竟亦是无常。

蒙 ䷃ 坎下艮上

蒙：亨。匪我求童蒙，童蒙求我。初筮告，再三渎，渎则不告。利贞。

再索得坎，既为险为水；三索得艮，复为止为山。遇险而止，水涵于山，皆蒙昧未开发之象也。蒙虽有蔽于物，物岂能蔽性哉？故亨。但发蒙之道，不可以我求蒙，必待童蒙求我。求者诚，则告之必达；求者渎，则告者亦渎矣。渎岂发蒙之正耶？不愤不启，不悱不发，孔子真善于训蒙者也。

佛法释者：夫心不动则已，动必有险，遇险必止，止则有反本还源之机，蒙所以有亨道也。蒙而欲亨，须赖明师良友。故凡为师友者，虽念念以教育成就为怀，然须待其求我，方成机感。又必初筮则告，方显法之尊重。其所以告之者，又必契理契机而贞，然后可使人人为圣为佛矣。

《彖》曰：蒙，山下有险，险而止，蒙。"蒙，亨"，以亨行时中也。"匪我求童蒙，童蒙求我"，志应也。"初筮告"，以刚中也。"再三渎，渎则不告"，渎蒙也。蒙以养正，圣功也。

山下有险，即是遇，险而止，故名为蒙。蒙之所以可亨者，由有能亨人之师，善以时中行教故也。虽有善教，必待童蒙求我者，彼有感通之志然后可应，如水清方可印月也。初筮即告者，以刚而得中，故应不失机也。渎则不告者，非是恐其渎我，正恐渎蒙而有损无益也。及其蒙时，即以正道养之。此圣人教化之功，令彼亦得成圣者也。

《象》曰：山下出泉，蒙。君子以果行育德。

溪涧不能留，故为果行之象；盈科而后进，故为育德之象。自既果行育德，便可为师作范矣。

佛法释者：此依不思议境而发真正菩提心也。菩提之心不可沮坏，如泉之必行；四弘广被，如泉之润物。

初六：发蒙，利用刑人，用说桎梏。以往吝。

以九二、上九二阳为师道，以余四阴爻为弟子。初六以阴居下，厥蒙虽甚，而居阳位，又近九二，故有可发之机。夫蒙昧既甚，须用折伏法门，故利用刑人，所谓扑作教刑也。然既说桎梏之后，当羞愧惩艾而不出，若遽有所往，则吝矣。

《象》曰："利用刑人"，以正法也。

以正法而扑作教刑，岂瞋打之谓哉？

九二：包蒙吉，纳妇吉，子克家。

以九居二，知及之，仁能守之，师之德也。

苏眉山曰：童蒙若无能为，然容之则足为助，拒之则所丧多矣。明不可以无蒙，犹子不可以无妇。子而无妇，不能家矣。

佛法释者：定慧平等，自利已成，故可以包容覆育群蒙而吉。以此教授群蒙修行妙定，名纳妇吉。定能生慧，慧能绍隆佛种，为子克家。妇是定，子是慧也。

《象》曰："子克家"，刚柔接也。

明纳妇而云子克家者，以定必发慧，慧必与定平等，而非偏也。

六三：勿用取女。见金夫，不有躬，无攸利。

以阴居阳，不中不正，乃驳杂之质。宜从上九正应处，求其击蒙之大钳锤，方可治病。今贪九二之包容慈摄，殆如女见金夫而失节者乎！

佛法释者：不中不正，则定慧俱劣。而居阳位，又是好弄小聪明者。且在坎体之上，机械已深。若使更修禅定，必于禅中发起利使邪见。利使一发，则善根断尽矣。

《象》曰："勿用取女"，行不顺也。

行不顺，故须恶辣钳锤以煅炼之，不可使其修定。

六四：困蒙，吝。

阴爻皆蒙象也：初可发，三可击，五可包，惟四绝无明师良友，则终于蒙而已，可耻孰甚焉？

《象》曰："困蒙"之吝，独远实也。

非实德之师友远我，我自独远于师友耳。师友且奈之何哉！

六五：童蒙，吉。

以六居五，虽大人而不失其赤子之心，故为童蒙而吉。盖上亲上九之严师，下应九二之良友故也。

苏眉山曰：六五之位尊矣，恐其不安于童蒙之分，而自强于明，故教之曰童蒙吉。

《象》曰："童蒙"之吉，顺以巽也。

学道之法，顺则能入。设行不顺，则入道无从矣。

上九：击蒙，不利为寇，利御寇。

阳居阴位，刚而不过，能以定慧之力，击破蒙昧之关者也。然训蒙之道，原无实法系缀于人，所谓但有去翳法，别无与明法。若欲以我法授设，则是为寇；若应病与药，为其解粘去缚，则是御寇也。

《象》曰：利用"御寇"，上下顺也。

无实法系缀于人，则三根普接，契理契机，故上下皆顺。

需 ䷄ 乾下坎上

需：有孚，光亨，贞吉，利涉大川。

养蒙之法，不可欲速，类彼助苗，故必需其时节因缘。时节若到，其理自彰。但贵因真果正，故有孚则光亨而贞吉也。始虽云需，究竟能度生死大川，登于大般涅槃彼岸矣。

《彖》曰：需，须也，险在前也。刚健而不陷，其义不困穷矣。"需，有孚，光亨，贞吉"，位乎天位，以正中也。"利涉大川"，往有功也。

险在前而知须，乃是刚健之德，不妄动以自陷耳。坎何尝拒乾哉？且坎得乾之中爻，与乾合德。今九五位乎天位，素与乾孚，则乾之利涉，往必有功，可无疑矣。

佛法释者：譬如五百由旬险难恶道，名险在前，智慧之力不被烦恼所陷，故终能度脱而不困穷。坎中一阳，本即乾体，喻烦恼险道之性本如来藏，以此不生不灭之性为本修因，则从始至终，无非称性天行之位。从正因性，中中流入萨婆若海，故利涉大川，从凡至圣而有功也。

《象》曰：云上于天，需。君子以饮食宴乐。

果行育德之后，更无余事，便饮食宴乐，任夫云行雨施而已。

佛法释者：助道行行为饮，正道慧行为食，以称性所起缘了二因、庄严一性，如云上于天之象。全性起修，全修在性，不藉劬劳肯綮修证，故名宴乐，此是善巧安心止观。止观不二，如饮食调适。

初九：需于郊，利用恒，无咎。

温陵郭氏云：此如颜子之需。

佛法释者：理即位中，不足以言需。名字位中，且宜恒以闻熏之力资其慧性，未与烦恼魔军相战也。

《象》曰："需于郊"，不犯难行也。"利用恒，无咎"，未失常也。

九二：需于沙，小有言，终吉。

郭氏云：此如孔子之需。

佛法释者：观行位中，既已伏惑，则魔军动矣，故小有言。

《象》曰："需于沙"，衍在中也。虽"小有言"，以吉终也。

九三：需于泥，致寇至。

郭氏云：此如周公之需。

佛法释者：相似位中，将渡生死大河，故有以致魔军之来而后降之。

《象》曰："需于泥"，灾在外也。自我致寇，敬慎不败也。

灾既在外，故主人不迷，客不得便。但以愿力使其来战，以显降魔成道之力。而三观之功，敬而且慎，决无败也。

六四：需于血，出自穴。

郭氏云：此如文王之需。

佛法释者：魔军败衄，超然从三界穴出而成正觉矣。

《象》曰："需于血"，顺以听也。

未尝用力降魔，止是慈心三昧之力，魔军自退，而菩提自成耳。

九五：需于酒食，贞吉。

郭氏云：此如帝尧馆甥之需。

佛法释者：魔界如即佛界如，惟以定慧力庄严而度众生，故为需于酒食。

《象》曰："酒食，贞吉"，以中正也。

上六：入于穴，有不速之客三人来，敬之，终吉。

郭氏曰：此如仁杰之结交五虎。

佛法释者：不惟入佛境界，亦可入魔境界。还来三界，广度众生。观三界依正因果诸法，无不现现成成，即是一心三观，故常为三界不请之友。而三界众生有敬之者，必终吉也。

《象》曰："不速之客"来，"敬之，终吉"，虽不当位，未大失也。

既同流三界，虽不当佛祖之位，而随类可以度生。设众生有不知而不敬者，亦与远作得度因缘，而未大失也。

讼 ䷅ 坎下乾上

讼：有孚，窒惕，中吉，终凶。利见大人，不利涉大川。

天在上而水就下，上下之情不通，所以成讼。然坎本得乾中爻以为体，则迹虽违，而性未尝非一也。惕中则复性而吉，终讼则违性而凶。利见大人，所以复性也；不利涉大川，诫其逐流而违性也。

佛法释者：夫善养蒙之道，以圆顿止观需之而已。若烦恼习强，不能无自讼之功。讼者，忏悔克责，改过迁善之谓也。有信心而被烦恼恶业所障窒，当以惭愧自惕其中而吉。若悔之不已，无善方便，则成悔盖而终凶。宜见大人以抉择开发断除疑悔，不利涉于烦恼生死大川而终致陷没也。

《象》曰：讼，上刚下险。险而健，讼。"讼，有孚，窒惕，中吉"，刚来而得中也。"终凶"，讼不可成也。"利见大人"，尚中正也。"不利涉大川"，入于渊也。

刚而无险，则不必自讼；险而无刚，则不能自讼。今处烦恼险恶窟中，而慧性勇健，所以有自讼改过之心也。

所谓有孚窒惕中吉者，以刚德来复于无过之体，仅取灭罪即止，不过悔以成盖也。所谓终凶者，悔箭入心，则成大失，故不可使其成也。所谓利见大人者，中正之德有以决疑而出罪也。所谓不利涉大川者，心垢未净，而入生死海中，必至堕落而不出也。

约观心者：修慧行名见大人，修禅定名涉大川。需约无过之人，故可习定；讼约有过之人，习定则发魔事也。

《象》曰：天与水违行，讼。君子以作事谋始。

天亦太极，水亦太极，性本无违，天一生水，亦未尝违。而今随虚妄相，则一上一下，其行相违，所谓意欲洁而偏染者也。只因介尔一念不能慎始，致使从性所起烦恼。其习渐强而违于性，故君子必慎其独，谨于一事一念之始，而不使其滋延难治，夫是之谓善于自讼者也。

佛法释者：是破法遍，谓四性简责，知本无生。

初六：不永所事，小有言，终吉。

大凡善贵刚进，恶宜柔退。初六柔退，故为恶未成，改悔亦易，不过小有言而已。此如佛法中作法忏也。

《象》曰："不永所事"，讼不可长也。虽"小有言"。其辩明也。

九二：不克讼，归而逋。其邑人三百户，无眚。

刚而不正，不能自克以至于讼。然犯过既重，何能无损？但可逋逃，处于卑约，庶免灾耳。此如佛法中，比丘犯戒，退作与学沙弥者也。

《象》曰："不克讼"，归逋窜也。自下讼上，患至掇也。

佛法释者：自既犯戒而居下流，欲以小小忏悔而复上位，罪必不灭，且乱法门矣。

六三：食旧德，贞厉，终吉。或从王事，无成。

六三阴柔，不敢为恶，但谨守常规，小心翼翼，故得终吉。然是硁硁之士，恐不足以成大事也。

《象》曰："食旧德"，从上吉也。

自立则不能，附人则仍吉，所谓倚松之葛，上耸千寻也。

佛法释者：虽非大乘法门，若开权显实，则彼所行亦即是菩萨道，故必从上乘圆顿之解方吉。

九四：不克讼，复即命，渝，安贞，吉。

九四亦是不正之刚，故不能自克以至于讼。然居乾体，则改悔力强，故能复归无过，而悟性命渊微之体。是则反常合道，犹佛法中因取相忏而悟无生者也。

《象》曰："复即命，渝，安贞"，不失也。

九五：讼，元吉。

刚健中正，有不善未尝不知，知之未尝复行。乃至小罪，恒怀大惧而不敢犯，大善而吉之道也。佛法则性业、遮业，三千八万，无不清净者矣。

《象》曰："讼，元吉"，以中正也。

上九：或锡之鞶带，终朝三褫之。

过极之刚，不中不正，数数犯过，数数改悔。就改悔处，薄有惭愧之衣，犹如鞶带；就屡犯处，更无一日清净，犹如三褫也。

《象》曰：以讼受服，亦不足敬也。

有过而改，名为惭愧，已不若无过之足敬矣，又何必至三褫而后为耻哉！此甚诫人不可辄犯过也。

师 ䷆ 坎下坤上

师：贞，丈人吉，无咎。

夫能自讼，则不至于相讼矣。相讼而不得其平则乱，乱则必至于用师。势之不得不然，亦拨乱之正道也。但兵凶战危，非老成有德之丈人，何以行之？

佛法释者：蒙而无过，则需以养之；蒙而有过，则讼以改之。但众生烦恼过患无量，故对破法门亦复无量。无量对破之法，名之为师，亦必以正治邪也。然须深知药病因缘，应病与药。犹如老将，善知方略，善知通塞，方可吉而无咎。不然，法不逗机，药不治病，未有不反为害者也。

《彖》曰：师，众也；贞，正也。能以众正，可以王矣。刚中而应，行险而顺。以此毒天下，而民从之，吉，又何咎矣！

用众以正，谓六五专任九二为将，统御群阴，此王者之道也。兵者不得已而用之，犹药治病，故名为毒天下。

佛法释者：师是众多法门，贞是出世正印也。能以众多法门，正无量邪惑，则自利利他，可以为法王，而统治法界矣！刚中则定慧庄严，随感而应，虽行于生死险道，而未尝不顺涅槃。以此圆顿妙药，如毒鼓毒乳，毒于天下，而九界之民皆悉从之，吉，又何咎矣！

《象》曰：地中有水，师。君子以容民畜众。

地中有水，水载地也。君子之德犹如水，故能容阴民而畜坤众。容民即所以畜众，未有戕民以养兵者也。为君将者，奈何弗深思哉？

佛法释者：一切诸法中，悉有安乐性，亦悉具对治法，如地中有水之象。故君子了知八万四千尘劳门，即是八万四千法门，而不执一法，不废一法也。此是善识通塞，如抚之则即民即兵，失之则为贼为寇。

初六：师出以律，否臧凶。

《大司马》九伐之法，名之为律。师出苟不以律，纵令侥幸成功，然其利近，其祸远，其获小，其丧大，故凶。孟子所谓"一战胜齐，遂有南阳，然且不可也"。

佛法释者：初机对治之法，无过大小乘律。若违律制，则身口意皆悉不善而凶矣。

《象》曰："师出以律"，失律凶也。

九二：在师中，吉，无咎。王三锡命。

以大将才德，膺贤主专任，故但有吉而无咎也。

陈旻昭曰：九二以一阳，而五阴皆为所用，不几为权臣乎？故曰在师中吉，以见在朝则不可也。

佛法释者：有定之慧，遍用一切法门自治治他，故吉且无咎，而法王授记之矣。

《象》曰："在师中，吉"，承天宠也。"王三锡命"，怀万邦也。

自古未有无主于内，而大将能立功于外者。九二之吉，承六五之宠故也。为天下得人者谓之仁，故三锡命于贤将，即所以怀万邦。

佛法释者：承天行而为圣行、梵行等。所谓一心中五行，故为法王所宠而授记，以广化万邦也。

六三：师或舆尸，凶。

不中不正，才弱志刚，每战必败，不言可知。

佛法释者：不知四悉因缘，而妄用对治，反致损伤自他慧命。

《象》曰："师或舆尸"，大无功也。

六四：师左次，无咎。

虽柔弱，而得正，不敢行险侥幸以自取败，故无咎也。

佛法释者：此如宣律师，不敢妄号大乘。

《象》曰："左次，无咎"，未失常也。

六五：田有禽，利执言，无咎。长子帅师，弟子舆尸，贞凶。

柔中之主，当此用师之时，仗义执言，以讨有罪，固无过也。但恐其多疑，而不专任九二之长子，故诫以弟子舆尸，虽正亦凶。

佛法释者：田中有禽，妨害良禾，喻心有烦恼，妨害道芽也。利执言者，宜看经教以照了之也。然看经之法，依义不依语，依了义不依不了义，依智不依识。若能深求经中义理，随文入观，则如长子帅师；若但著文字，不依实义，则如弟子舆尸，虽贞亦凶，此如今时教家。

《象》曰："长子帅师"，以中行也。"弟子舆尸"，使不当也。

上六：大君有命，开国承家，小人勿用。

方师之始，即以失律凶为诫矣。今师终定功，又诫小人勿用。夫小人必侥幸以取功者耳。

苏氏云：圣人用师，其始不求苟胜，故其终可以正功。

佛法释者：正当用对治时，或顺治，或逆治，于通起塞，即塞成通，事非一概。今对治功毕，入第一义悉檀，将欲开国承家，设大小两乘教法以化众生。止用善法，不用恶法，倘不简邪存正，简爱见而示三印一印，则佛法与外道几无辨矣。

《象》曰："大君有命"，以正功也。"小人勿用"，必乱邦也。

比 ䷇ 坤下坎上

比：吉。原筮，元永贞，无咎。不宁方来，后夫凶。

用师既毕，践天位而天下归之，名比。比，未有不吉者也。然圣人用师之初心，但为救民于水火，非贪天下之富贵。今功成众服，原须细自筮审，果与元初心相合而永贞，乃无咎耳。夫如是，则万国归化，而不宁方来。彼负固不服者，但自取其凶矣。

佛法释者：善用对破法门，则成佛作祖，九界归依，名比。

又观心释者：既知对破通塞，要须道品调适，七科三十七品相属相连名比。仍须观所修行，要与不生不灭本性相应，名原筮、元永贞、无咎。所谓圆四念处，全修在性者也。一切正勤根力等，无不次第相从，名不宁方来。一切爱见烦恼不顺正法门者，则永被摧坏而凶矣。

《象》曰：比，吉也。比，辅也，下顺从也。"原筮，元永贞，无咎"，以刚中也。"不宁方来"，上下应也。"后夫凶"，其道穷也。

比则必吉，故非衍文，余皆可知。

佛法释者：约人，则九界为下，顺从佛界为辅；约法：则行行为下，顺从慧行为辅。刚中，故能全性起修，全修在性。上下应者，约人：则十界同禀道化；约法：则七科皆会圆慧也。其道穷者，约人：则魔外不顺佛化而堕落；约法：则爱见不顺正法而被简也。

《象》曰：地上有水，比。先王以建万国，亲诸侯。

建万国、亲诸侯，即所谓开国承家者也。

佛法释者：地如境谛，水如观慧；地如寂光，水如三土差别。皆比之象也。约化他：则建三土刹网，令诸菩萨转相传化；约观心：则立阴界入等一切境，以为发起观慧之地。观慧，名诸侯也，此是道品调适，谓七科三十七品相比无间。

初六：有孚比之，无咎。有孚盈缶，终来有他吉。

柔顺之民，率先归附，有孚而无咎矣。下贱之位，虽如缶器，而居阳位，有君子之德焉，故为有孚盈缶。将来必得徵庸，有他吉也。

约佛法者：初六如人道，六二如欲天，六三如魔天，六四如禅天，九五如佛为法王，上六如无想及非非想天。今人道易趣菩提，故有他吉。

约观心者：初六如藏教法门，六二如通教法门，六三如爱见法门，六四如别教法门，九五如圆教真正法门，上六如拨无因果邪空法门。今藏教正因缘境，开之即是妙谛，故有他吉。

《象》曰：比之初六，"有他吉"也。

六二：比之自内，贞吉。

柔顺中正之臣，上应阳刚中正之君。中心比之，故正而吉也。

佛法释者：欲天有福，亦复有慧，但须内修深定，又通教界内巧度。与圆教全事即理相同，但须以内通外。

《象》曰："比之自内"，不自失也。

六三：比之匪人。

不中不正，居下之上，又无阳刚师友以谏诤之，故曰比之匪人。

佛法释者：魔波旬无一念之善，又爱见决不与佛法相应。

《象》曰："比之匪人"，不亦伤乎？

六四：外比之，贞吉。

柔而得正，近于圣君，吉之道也。但非其应，故名外比，诫之以贞。

佛法释者：色界具诸禅定，但须发菩提心，外修一切差别智门。又别教为界外拙度，宜以圆融正观接之。

《象》曰：外比于贤，以从上也。

九五既有贤德，又居君位，四外比之，理所当然，亦分所当然矣。

九五：显比。王用三驱，失前禽，邑人不诫，吉。

阳刚中正，为天下之共主，故名显比，而圣人初无意于要结人心也。如成汤于四面之网，解其三面，任彼禽兽驱走。虽失前禽，邑人亦知王意而不警诫。此所谓有天下而不与，吉之道也。

佛法释者：法王出世，如赫日当空，名显比。三轮施化，又初中后三语诱度，又令种熟脱三世得益，名王用三驱。于无缘人善用大舍三昧，即诸佛弟子，亦不强化无缘之人，名失前禽，邑人不诫。

观心释者：实慧开发，如赫日丽天，名显比。一心三观，又转接会前三教，名王用三驱。觉意三昧，随起随观，不怕念起，只怕觉迟。一觉则归于正念，不以前念之非介怀，名失前禽，邑人不诫。

《象》曰："显比"之吉，位正中也。舍逆取顺，"失前禽"也。"邑人不诫"，上使中也。

上六：比之无首，凶。

阴柔无德，反据圣主之上，众叛亲离，不足以为人首矣。

佛法释者：穷空轮转，不能见佛闻法。假饶八万劫，不免落空亡。

观心释者：豁达空，拨因果，自谓毗卢顶上行，悟得威音王那畔又那畔，实不与真实宗乘相应。业识茫茫，无本可据，生死到来，便如落汤螃蟹也。

《象》曰："比之无首"，无所终也。

从屯至此六卦，皆有坎焉。坎得乾之中爻，盖中道妙慧也，其德为陷为险。夫烦恼大海，与萨婆若海，岂真有二性哉？且从古及今，无不"生于忧患，死于安乐"，故四谛以苦居初，佛称八苦为师。苦则悚惕而不安，悚惕不安，则烦恼海动，而种智现前矣。圣人序卦之旨，不亦甚深也与！

小畜 ䷈ 乾下巽上

小畜：亨。密云不雨，自我西郊。

畜，阻滞也；又读如蓄，养也。遇阻滞之境，不怨不尤，惟自养以消之，故亨，然不可求速效也。

约世法：则如垂衣裳而天下治，有苗弗格。约佛法：则如大集会中魔王未顺。约观心：则如道品调适之后，无始事障偏强，阻滞观慧，不能克证。然圣人御世，不忌顽民；如来化度，不嫌魔侣；观心胜进，岂畏凤障？譬诸拳石，不碍车轮；又譬钟击则鸣，刀磨则利。猪揩金山，益其光彩；霜雪相加，松柏增秀。故亨也。然当此时，虽不足畏，亦不可轻于取功。须如密云不雨，自我西郊，直俟阴阳之和而后雨耳。盖凡云起于东者易雨，起于西者难雨。今不贵取功之易，而贵奏效之迟也。

杨慈湖曰：畜有包畜之义，故云畜君何尤。此卦六四以柔得近君之位，而上下诸阳皆应之，是以小畜大，以臣畜君，故曰小畜，其理亦通。其六爻皆约臣畜君说，亦妙。

陈旻昭曰：小畜者，以臣畜君，如文王之畜纣也。亨者，冀纣改过自新，望之之辞也。密云不雨、自我西郊者，言只因自我西郊，故不能雨。怨己之德不能格君，乃自责之辞，犹所云"臣罪当诛，天王圣明"也。六四则是出羑里时，九五则是"三分天下有二以服事殷"之时，上九则是武王伐纣之时，故施已行而既雨。然以臣伐君，冒万古不韪之名，故曰君子征凶。

《彖》曰：小畜，柔得位而上下应之，曰"小畜"。健而巽，刚中而志行，乃亨。"密云不雨"，尚往也。"自我西郊"，施未行也。

既畜矣，而云小者，以在我之柔德既正，又有上下之刚应之，所以一切外难不足扰我镇定、刚决之德，反藉此以小自养也。健则无物欲之邪，巽则无躁动之失，刚中则慧与定俱，故其志得行而亨也。云虽密而尚往，则修德不妨益进；自西郊而施未行，则取效不可欲速。

《象》曰：风行天上，小畜。君子以懿文德。

鼓万物者，莫妙于风。懿文德，犹所谓"远人不服，则修文德以来之"。舞干羽于两阶，而有苗格，即是其验，故曰"君子之德风"也。

观心：则遍用事六度等对治助开，名懿文德。

初九：复自道，何其咎，吉。
《象》曰："复自道"，其义吉也。

九二：牵复，吉。
《象》曰："牵复"在中，亦不自失也。

九三：舆说辐，夫妻反目。
《象》曰："夫妻反目"，不能正室也。

六四：有孚，血去惕出，无咎。

《象》曰：有孚"惕出"，上合志也。

九五：有孚挛如，富以其邻。

《象》曰："有孚挛如"，不独富也。

上九：既雨既处，尚德载，妇贞厉。月几望，君子征凶。

《象》曰："既雨既处"，德积载也。"君子征凶"，有所疑也。

时当小畜，六爻皆有修文德以来远人之任者也。初九刚而得正，克己复礼，天下归之，故吉；九二刚中，与初同复，故亦得吉；九三过刚不中，恃力服人，人偏不服，故舆说辐而不能行。尚不可以齐家，况可服远人乎？六四柔而得正，能用上贤以成其功，故惕出而无咎；九五阳刚中正，化被无疆，故能富以其邻。上九刚而不过，又居小畜之终，如密云之久而既雨，远近皆得安处太平。此乃懿尚文德，至于积满，故能如此。然在彼臣妇，宜守贞而时时自危，不可恃君有优容之德而失其分。世道至此，如月几望，可谓圆满无缺矣。其在君子，更不宜穷兵黩武以取凶也。

佛法观心释者：修正道时，或有事障力强，须用对治助开。虽用助开，仍以正道观慧为主。初九正智力强，故事障不能为害，而复自道；九二定慧得中，故能化彼事障，反为我助而不自失；九三恃其乾慧，故为事障所碍，而定慧两伤；六四善用正定以发巧慧，故血去而惕出；九五中正妙慧，体障即德，故能富以其邻；

上九定慧平等，故事障释然解脱，如既雨既处，而修德有功。夫事障因对助而排脱，必有一番轻安境界现前，名之为妇。而此轻安不可味著，味著则生上慢，自谓上同极圣，为月几望。若信此以往，则反成大妄语之凶矣，可不戒乎！

履 ䷉ 兑下乾上

履①：履虎尾，不咥人，亨。

约世道：则顽民既格，上下定而为履。以说应乾，故不咥人。

约佛法：则魔王归顺，化道行而可履，以慈摄暴，故不咥人。

约观心：则对治之后，须明识次位，而成真造实履。观心即佛，如履虎尾；不起上慢，如不咥人，亨也。

《彖》曰：履，柔履刚也。说而应乎乾，是以"履虎尾，不咥人，亨"。刚中正，履帝位而不疚，光明也。

履之道莫善于柔。柔能胜刚，弱能胜强，故善履者，虽履虎尾，亦不咥人；不善履者，虽履平地，犹伤其足。此卦以说应乾，说即柔顺之谓。臣有柔顺之德，乃能使彼刚健之主，中正光明，履帝位而不疚。否则不免于夬履贞厉矣！

佛法释者：以定发慧，以修合性，以始觉而欲上契本觉，以凡学圣，皆名为柔履刚。得法喜名说，悟理性名应乾。不起上慢，进趣正位，则能以修合性，处于法王尊位如九五也。

《象》曰：上天下泽，履。君子以辩上下，定民志。

佛法释者：深知即而常六，道不浪阶，是为辩上下，定民志。

---

① "履"字，原文缺，据《周易》点校的通例，补上。

初九：素履，往，无咎。

《象》曰："素履"之往，独行愿也。

此如伯夷、叔齐之履。

佛法释者：以正慧力，深知无位次之位次。以此而往，则不起上慢矣。

九二：履道坦坦，幽人贞吉。

《象》曰："幽人贞吉"，中不自乱也。

此如柳下惠、蘧伯玉之履。

佛法释者：中道定慧，进趣佛果，而不自满足。潜修密证，不求人知，故吉。

六三：眇能视，跛能履，履虎尾，咥人，凶。武人为于大君。

《象》曰："眇能视"，不足以有明也。"跛能履"，不足以与行也。"咥人"之凶，位不当也。"武人为于大君"，志刚也。

此如项羽、董卓之履。

佛法释者：知性德而不知修德，如眇其一目；尚慧行而不尚行行，如跛其一足。自谓能视，而实不见正法身也；自谓能履，而实不能到彼岸也。高谈佛性，反被佛性二字所害。本是卤莽武人，妄称祖师，其不至狱者鲜矣！问：六三为悦之主。象辞赞其应乾而亨，爻胡贬之甚也？答：象约兑之全体而言，爻约六三不与初二相合，自信自任而言。

九四：履虎尾，愬愬，终吉。

《象》曰："愬愬，终吉"，志行也。

此如周公吐握勤劳之履。

佛法释者：定慧相济，虽未即证中道，然有进而无退矣。

九五：夬履，贞厉。

《象》曰："夬履，贞厉"，位正当也。

此如汤武反身之履，亦如尧舜危微允执之履。或云：此是诫辞，恐其为汉武也。须虚心以应柔悦之臣，乃不疚而光明耳。

佛法释者：刚健中正，决定证于佛性，从此增道损生。出没化物，不取涅槃以自安稳矣。

上九：视履考祥，其旋元吉。

《象》曰："元吉"在上，大有庆也。

此如尧舜既荐舜禹于天，舜禹摄政，尧舜端拱无为之履。

佛法释者：果彻因源，万善圆满。复吾本有之性，称吾发觉初心，故大吉也。

上经之三

泰 ䷊ 乾下坤上

泰：小往大来。吉、亨。

夫为下者，每难于上达；而为上者，每难于下交。今小往而达于上，大来而交于下，此所以为泰而吉、亨也。

约世道：则上下分定之后，情得相通，而天下泰宁。约佛法：则化道已行，而法门通泰。约观心：则深明六即，不起上慢，而修证可期。又是安忍强软二魔，则魔退而道亨也。强软二魔不能为患是小往，忍力成就是大来。

《彖》曰："泰，小往大来。吉、亨"，则是天地交而万物通也，上下交而其志同也。内阳而外阴，内健而外顺，内君子而外小人。君子道长，小人道消也。

约四时则如春，天地之气交而万物咸通；约世道如初治，上下之情交而志同为善；约体质则内阳而外阴，阳刚为主；约德性则内健而外顺，无私合理；约取舍则内君子而外小人，见贤思齐，见恶自省。故君子道长，则六爻皆有君子之道；小人道消，则六爻皆有保泰防否之功也。

佛法释者：若得小往大来，则性德之天与修德之地相交，而万行俱通也。向上玄悟与向下操履相交，而解行不分作两橛也。内具阳刚之德，而外示阴柔之忍；内具健行不息之力，而外有随顺世间方便；内合佛道之君子，而外同流于九界之小人，能化九界俱成佛界。故君子道长而小人道消也。

《象》曰：天地交，泰。后以财成天地之道，辅相天地之宜，以左右民。

佛法释者：天地之道，即性具定慧；天地之宜，即定慧有适用之宜。财成、辅相，即以修禅性也。左右民者，不被强软二魔所坏，则能用此二魔为侍者也。

初九：拔茅茹，以其汇，征吉。

《象》曰："拔茅""征吉"，志在外也。

阳刚之德，当泰之初，岂应终其身于下位哉？连彼同类以进，志不在于身家，故可保天下之终泰矣。

九二：包荒，用冯河，不遐遗，朋亡。得尚于中行。

《象》曰："包荒""得尚于中行"，以光大也。

刚中而应六五，此得时行道之贤臣也，故宜休休有容，荒而无用者包之，有才能冯河者用之，遐者亦不遗之，勿但以二阳为朋，乃得尚合六五中正之道而光大耳。

九三：无平不陂，无往不复，艰贞无咎。勿恤其孚，于食有福。

《象》曰："无往不复"，天地际也。

世固未有久泰而不否者，顾所以持之者何如耳？九三刚正，故能艰贞而有福，挽回此天地之际。

六四：翩翩，不富以其邻，不戒以孚。

《象》曰："翩翩，不富"，皆失实也；"不戒以孚"，中心愿也。

柔正之德，处泰已过中之时，虽无致治真实才力，而赖有同志以防祸乱，则不约而相信，故犹可保持此泰也。

俞玉吾曰：泰之时，三阴阳皆应，上下交而志同，不独二五也。乾之初爻，即拔茅连茹以上交；四为坤之初爻，亦翩然连类而下交。三交乎上，既勿恤其孚，故四交于下，亦不戒以孚。上下一心，阴阳调和，此大道为公之盛，所以为泰。

季彭己曰：失实，言三阴从阳，而不为主也。阳实则能为主，阴虚则但顺承乎阳而已，不有其富之义也。中心愿者，言其出于本心也。

六五：帝乙归妹，以祉元吉。

《象》曰："以祉元吉"，中以行愿也。

柔中居尊，下应九二，虚心用贤，而不以君道自专，如帝乙归妹，尽其妇道而顺乎夫子。夫如是，则贤人乐为之用，而泰可永保矣。

上六：城复于隍，勿用师。自邑告命，贞吝。

《象》曰："城复于隍"，其命乱也。

泰极必否，时势固然。阴柔又无拨乱之才，故诫以勿复用师。上既失权，下必擅命，故有自邑告命者。邑非出命之所，而今妄自出命，亦可羞矣。然上六只是无才，而以阴居阴，仍得其正，非是全无德也。但遇此时势，故命乱而出自邑人耳。

约佛法释六爻者：夫欲安忍强软二魔，须藉定慧之力。初九刚正，故内魔既降，外魔亦伏，似拔茅而连汇；九二刚中，故外魔既化，内魔不起，尚中行而光大；九三过刚，故须艰贞，方得无咎，以其本是正慧，必能取定，故为天地相际；六四正定孚于正慧，故虽不富而能以邻，知魔无实，则魔反为吾侍而如邻；六五定有其慧，故能即魔界为佛界，具足福慧二种庄严，如帝乙归妹而有祉元吉；上六守其劣定，故魔发而成乱。

否 ䷋ 坤下乾上

否①：否之匪人，不利君子贞。大往小来。

约世道：则承平日久，君民逸德，而气运衰颓。约佛法：则化道流行，出家者多，而有漏法起。约观心：则安忍二魔之后，得相似证，每每起于似道法爱而不前进。若起法爱，则非出世正忍正智法门，故为匪人，而不利君子贞。以其背大乘道，退堕权小境界故也。

《彖》曰："否之匪人，不利君子贞。大往小来"，则是天地不交，而万物不通也，上下不交而天下无邦也。内阴而外阳，内柔而外刚，内小人而外君子。小人道长，君子道消也。

佛法释者：若起似道法爱，则修德不合性德之天，而万行俱不通也。向上不与向下合一，而不能从寂光垂三土之邦国也。内证阴柔顺忍，而置阳刚佛性于分外；内同二乘之小人，而置佛果君子于分外。自不成佛，不能化他成佛，故小人道长，君子道消也。强软二魔，人每畏惧，故《泰传》极庆快之辞以安慰之，令无退怯；顺道法爱，人每贪恋，故《否传》极嗟叹之辞以警策之，令无取著。

---

① "否"字，原文缺，据《周易》点校的通例，补上。

《象》曰：天地不交，否。君子以俭德辟难，不可荣以禄。

佛法释者：观此顺道法爱，犹如险坑之难，而不取其味，是谓不可荣以禄也。

初六：拔茅茹，以其汇。贞吉，亨。

《象》曰："拔茅""贞吉"，志在君也。

六爻皆有救否之任，皆论救否之方，不可以下三爻为匪人也。初六柔顺而居阳位，且有同志可以相济，故拔茅连汇而吉亨。但时当否初，尤宜思患豫防，故诫以贞也。

六二：包承，小人吉，大人否，亨。

《象》曰："大人否，亨"，不乱群也。

柔顺中正，上应九五阳刚中正之君，惟以仁慈培植人心，挽回天运，故小人得其包承而吉。然在六二大人分中，见天下之未平，心犹否塞不安；不安乃可以致亨，而非小人所能乱矣。

六三：包羞。

《象》曰："包羞"，位不当也。

以阴居阳，在下之上，内刚外柔，苟可以救否者，无不为之，岂顾小名小节？谚云："包羞忍耻是男儿。"时位使然，何损于坤顺之德哉！《易因》曰：此正处否之法，所谓"唾面自干，褫裘纵博"者也。

九四：有命无咎，畴离祉。

《象》曰："有命无咎"，志行也。

刚而不正，以居上位，宜有咎也。但当否极泰来之时，又得畴类，共离于祉，故救否之志得行。离者，附丽也。

九五：休否，大人吉。其亡其亡，系于苞桑。

《象》曰："大人之吉"，位正当也。

阳刚中正，居于君位，下应柔顺中正之臣，故可以休否而吉。然患每伏于未然，乱每生于所忽，故必念念安不忘危，存不忘亡，治不忘乱。如系物于苞桑之上，使其坚不可拔。此非大人，其孰能之？

上九：倾否，先否后喜。

《象》曰：否终则倾，何可长也！

刚不中正，居卦之外，先有否也。但否终则倾，决无长否之理，故得后有喜耳。

佛法释者：顺道法爱，非阳刚智德不能拔之。初六法爱未深，而居阳位，若能从此一拔，则一切俱拔，故勉以贞则吉亨，劝其志在于君，君即指法身实证也；六二法爱渐深，故小人则吉，大人正宜于此作否塞想，乃得进道而亨；六三法爱最深，又具小慧，妄认似道为真，故名包羞；九四刚而不正，虽暂起法爱，终能自拔而志行；九五刚健中正，故直入正位而吉，然尚有四十一品无明未断，所以位位皆不肯住，名其亡其亡，从此心心流入萨婆若海，证念不退，名系于苞桑；上九阳居阴位，始亦未免法爱，后则智慧力强，故能倾之。

同人 ䷌ 离下乾上

同人①：**同人于野，亨。利涉大川，利君子贞。**

约世道：则倾否必与人同心协力。约佛法：则因犯结制之后，同法者同受持。约观心：则既离顺道法爱，初入同生性，上合诸佛慈力，下同众生悲仰，故曰"同人"。

苏眉山曰：野者，无求之地。立于无求之地，则凡从我者皆诚同也。彼非诚同，而能从我于野哉？同人而不得其诚同，可谓同人乎？故天与火，同人，物之能同于天者盖寡矣。天非同于物，非求不同于物也。立乎上，而能同者自至焉，其不能者不至也。至者非我援之，不至者非我拒之。不拒不援，是以得其诚同，而可以涉川也。苟不得其诚同，与之居安则合，与之涉川则溃矣。

观心释者：野是三界之外，又寂光无障碍境也。既出生死，宜还涉生死大川以度众生。惟以佛知佛见，示悟众生，名为利君子贞。

《象》曰：同人，柔得位得中而应乎乾，曰同人。苏眉山曰：此专言二。**同人曰"同人于野，亨，**苏眉山曰：此言五也，故别之。**利涉大川"，乾行也，文明以健。中正而应，君子正也。唯君子为能通天下之志。**

观心释者：本在凡夫，未证法身，名之为柔。今得入正位，得

---

① "同人"字，原文缺，据《周易》点校的通例，补上。

证中道，遂与诸佛法身乾健之体相应，故曰同人。此直以同证佛性为同人也。既证佛体，必行佛德以度众生，名为乾行。文明以健，中正而应，如日月丽天。清水则影自印现，乃君子之正也。惟君子已断无明，得法身中道，应本具二十五王三昧，故能通天下之志，而下合一切众生，与诸众生同悲仰耳。

《象》曰：天与火，同人，君子以类族辨物。

不有其异，安显其同？使异者不失其为异，则同乃得安于大同矣。

佛法释者：如天之与火，同而不同，不同而同。十法界各有其族，各为一物，而惟是一心，一心具足十界。十界互具，便有百界千如之异；而百界千如究竟元只一心，此同而不同，不同而同之极致也。

初九：同人于门，无咎。

《象》曰：出门同人，又谁咎也？

同人之道，宜公而不宜私。初九刚正，上无系应，出门则可以至于野矣，故无咎。

六二：同人于宗，吝。

《象》曰："同人于宗"，吝道也。

六二得位得中以应乎乾，卦之所以为同人者也。然以阴柔不能远达，恐其近昵于初九、九三之宗，则吝矣。

九三：伏戎于莽，升其高陵，三岁不兴。

《象》曰："伏戎于莽"，敌刚也。"三岁不兴"，安行也。

夫二应于五，非九三所得强同也。三乃妄冀其同，故伏戎以邀之，升高陵以伺之。然九五阳刚中正，名义俱顺，岂九三非理之刚所能敌哉？其即指三，高陵指五。五远于三，如高陵也。

九四：乘其墉，弗克攻，吉。

《象》曰："乘其墉"，义弗克也，其吉，则困而反则也。

离象为墉，四亦妄冀同于六二。故欲乘九三之墉以下攻之，但以义揆，知必取困，故能反则而弗攻耳。

九五：同人，先号咷而后笑，大师克相遇。

《象》曰：同人之先，以中直也。"大师相遇"，言相克也。

六二阴柔中正，为离之主，应于九五，此所谓不同而同，乃其诚同者也。诚同而为三、四所隔，能弗号咷而用大师相克哉！中，故与二相契，而不疑其迹；直，故号咷用师，而不以为讳。

郑孩如曰：大师之克，非克三、四也，克吾心之三、四也，私意一起于中，君子隔九阎矣。甚矣，克己之难也！非用大师，其将能乎！杨诚斋曰：师莫大于君心，而兵革为小。

上九：同人于郊，无悔。

《象》曰："同人于郊"，志未得也。

苏眉山曰：无所苟同，故无悔。莫与共立，故志未得。

观心释者：六爻皆重明欲证同人之功夫也。夫欲证入同人法性，须藉定慧之力，又复不可以有心求，不可以无心得，所谓时节若到，其理自彰。此修心者勿忘勿助之要诀也。

初九正慧现前，不劳功力，便能出生死门；六二虽有正定，慧力太微，未免被禅所牵，不出三界旧宗；九三偏用其慧，虽云得正，而居离之上；毫无定水所资，故如升于高陵，而为顶堕菩萨，三岁不兴；九四定慧均调，始虽有期必之心，后乃知期必之不能合道，卒以无心契入而吉；九五刚健中正，而定力不足，虽见佛性，而不了了，所以先须具修众行，积集菩提资粮，藉万善之力，而后开发正道。盖是直缘中道佛性，以为迥出二谛之外，所以先号咷而后笑也；上九定慧虽复平等，而居乾体之上，仅取涅槃空证，不能入廛垂手，故志未得。

大有 ䷍ 乾下离上

大有：元、亨。

约世道：则同心倾否之后，富有四海。约佛法：则结戒说戒之后，化道大行。约观心：则证入同体法性之后，功德智慧以自庄严。皆元、亨之道也。

《彖》曰：大有，柔得尊位大中，而上下应之，曰"大有"。其德刚健而文明，应乎天而时行，是以"元、亨"。

佛法释者：从凡夫地直入佛果尊位，证于统一切法之中道，而十界皆应顺之，名为大有。刚健文明，圣行、梵行皆已成也。应乎天而时行，证一心中五行，以天行为体，而起婴儿行、病行之用也。

《象》曰：火在天上，大有。君子以遏恶扬善，顺天休命。

佛法释者：修恶须断尽，修善须满足，方是随顺法性第一义天之休命也。休命者，十界皆是性具性造。但九界为咎，佛界为休；九界为逆，佛界为顺。

初九：无交害，匪咎，艰则无咎。
《象》曰：大有初九，"无交害"也。

夫有大者，患其多交而致害也。艰，则终亦如初矣。

九二：大车以载，有攸往，无咎。

《象》曰："大车以载"，积中不败也。

大车，谓六五虚而能容也。虽有能容之圣君，然非九二积中之贤臣以应之，何能无败？

九三：公用亨于天子，小人弗克。

《象》曰："公用亨于天子"，小人害也。

刚正而居大臣之位，可通于圣君矣。岂小人所能哉！

九四：匪其彭，无咎。

《象》曰："匪其彭，无咎"，明辩晰也。

彭，盛也，壮也。九四刚而不过，又居离体，明辩晰而匪彭，可以事圣君矣。

六五：厥孚交如，威如，吉。

《象》曰："厥孚交如"，信以发志也；"威如"之吉，易而无备也。

柔中居尊，专信九二，而天下信之，不怒而民威于铁钺，不俟安排造作以为威也。

苏眉山曰：以其无备，知其有余也。夫备生于不足，不足之形现于外，则威削。

上九：自天佑之，吉，无不利。

《象》曰：大有上吉，"自天佑"也。

苏眉山曰：曰佑，曰吉，曰无不利，其为福也多矣！而终不言其所以致福之由，岂真无说也哉？盖其所以致福者远矣！

孔子曰：天之所助者，顺也；人之所助者，信也。履信思乎顺，又以尚贤也，是以自天佑之，吉，无不利。

信也、顺也、尚贤也，此三者，皆六五之德也。易而无备，六五之顺也；厥孚交如，六五之信也；群阳归之，六五之尚贤也。上九特履之尔。我之能履者，能顺且信，又以尚贤，则天人之助将安归哉！故曰"圣人无功，神人无名"。

约佛法释六爻，又有二义：一约果后垂化，二约秉教进修。

一约果后垂化者：初九垂形四恶趣中，而不染四趣烦恼，但是大悲，与民同患，故无交害而恒艰；九二垂形人道，能以大乘广度一切，故有攸往而不败；九三现行天道，不染诸天欲乐，及与禅定，故非小人所能，设小人而入天趣，未有不被欲乐禅定所害者也；九四现二乘相，故匪其彭，不与二乘同取涅槃偏证，故明辩晰，言有大乘智慧辩才也。六五现菩萨相，应摄受者而摄受之，故厥孚交如；应折伏者而折伏之，故威如，吉。信以发志，是接引善根众生；易而无备，是折伏恶机众生也。上九现如来形，故自天佑之，吉，无不利，所谓依第一义天，亦现为天人师也。

二约秉教进修者：初九秉增上戒学，故不与烦恼相交；九二秉增上心学，故于禅中具一切法而不败；九三秉增上慧学，故能亨于天子。然此慧学，坐断凡圣情解，扫空荡有，每为恶取空者之所藉口，所以毫厘有差，天地悬隔，小人弗克用之，用则反为大害。九四秉通教法，但是大乘初门，故匪其彭，虽与二乘同观无生，而不与二乘同证，故明辩晰；六五秉别教法，仰信中道，故厥孚交如，别修缘了，故威如而吉；上九秉圆教法，全性起修，全修在性，故自天佑之，吉，无不利。

谦 ䷎ 艮下坤上

谦：亨。君子有终。

约世道：则地平天成，不自满假。约佛化：则法道大行之后，仍等视众生，先意问讯，不轻一切。约观心：则圆满菩提，归无所得。凡此皆亨道也。君子以此而终如其始，可谓果彻因源矣。

《彖》曰：谦，亨。天道下济而光明，地道卑而上行。天道亏盈而益谦，地道变盈而流谦，鬼神害盈而福谦，人道恶盈而好谦。谦尊而光，卑而不可逾，君子之终也。

儒则文王视民如伤，尧舜其犹病诸。佛则十种不可尽，我愿不可尽，众生度尽，方证菩提；地狱未空，不取灭度。所以世、出世法，从来无有盈满之日。苟有盈满之心，则天亏之，地变之，鬼神害之，人恶之矣！以此谦德现形十界，则示居佛位之尊，固有光；纵示居地狱之卑，亦无人能逾胜之也。

吴幼清曰：谦者，尊崇他人以居己上，而己亦光显。卑抑自己以居人下，而人亦不可逾越之，此君子之所以有终也。

《象》曰：地中有山，谦。君子以裒多益寡，称物平施。

山过乎高，故多者裒之；地过乎卑，故寡者益之。趣得其平，皆所以为谦也。

佛法释者：裒佛果无边功德之山，以益众生之地。了知大地众生皆具佛果功德山王，称物机宜，而平等施以佛乐，不令一人独得灭度。

初六：谦谦君子，用涉大川。吉。

《象》曰："谦谦君子"，卑以自牧也。

苏眉山曰：此最处下，是谦之过也，是道也。无所用之，用于涉川而已。有大难，不深自屈折，则不足以致其用。牧者，养之以待用云尔。

六二：鸣谦，贞吉。

《象》曰："鸣谦，贞吉"，中心得也。

苏眉山曰：谦之所以为谦者，三也。其谦也以劳，故闻其风被其泽者，莫不相从于谦。六二其邻也，上六其配也，故皆和之而鸣于谦。而六二又以阴处内卦之中，虽微九三，其有不谦乎？故曰鸣谦，贞吉。鸣，以言其和于三；贞，以见其出于性也。

九三：劳谦君子，有终吉。

《象》曰："劳谦君子"，万民服也。

苏眉山曰：劳，功也。艮之制在三，而三亲以艮下坤，其谦至矣！劳而不伐，有功而不德，是得谦之全者也。故《象》曰君子有终，而三亦云。

六四：无不利，㧑谦。

《象》曰："无不利，㧑谦"，不违则也。

虽居九三劳谦之上，而柔顺得正，故无不利而为㧑谦。夫以谦㧑谦，此真不违其则者也。

六五：不富，以其邻，利用侵伐，无不利。

《象》曰："利用侵伐"，征不服也。

苏眉山曰：直者，曲之矫也；谦者，骄之反也。皆非德之至也。故两直不相容，两谦不相使。九三以劳谦，而上下皆谦以应之，内则鸣谦，外则捴谦，其甚者则谦谦，相追于无穷，相益不已，则所谓裒多益寡、称物平施者，将使谁为之？若夫六五则不然，以为谦乎？则所据者刚也，以为骄乎？则所处者中也，惟不可得而谓之谦，不可得而谓之骄，故五谦莫不为之使也。求其所以能使此五谦者而无所有，故曰不富、以其邻。至于侵伐，而不害为谦，故曰利用侵伐莫不为之用者，故曰无不利。

蕅益曰：征不服，正是裒多名谦。

上六：鸣谦，利用行师，征邑国。

《象》曰："鸣谦"，志未得也。可用"行师"，征"邑国"也。

苏眉山曰：鸣谦一也。六二自得于心，而上六志未得者，以其所居非安于谦者也，特以其配之劳谦而强应焉。貌谦而实不至，则所服者寡矣，故虽有邑国，而犹叛之。夫实虽不足，而名在于谦，则叛者不利。叛者不利，则征者利矣。

佛法释此六爻者，亦约二义：一约佛果八相，二约内外四众。

一约佛果八相者：初六即示现降神入胎，及初生相，久证无生，复示更生，故为卑以自牧；六二即示现出家，久度生死，自言为生死故出家，是为鸣谦；九三即示现降魔成道，久超魔界，证大菩提，而为众生现此劳事，使观者心服；六四即示现三七思惟，久已鉴机，而不违设化仪则，六五即示现转大法轮，本无实法，皆是善巧权现，故为不富。能令十方诸佛同为证明，故为以邻；破众生三惑，令归顺于性具三德，故为利用侵伐。上六即示现灭度，以众生机尽，应火云亡，为志未得。即以灭度而作佛事，令诸众生未种善根者得种，已种者熟，已熟者脱，为征邑国也。

二约内外四众者：初六是沙弥小众，故为卑以自牧；六二是守法比丘众，故为鸣谦贞吉；九三是弘法比丘，宰任玄纲，故为劳谦君子；六四是外护人中优婆塞等，故恒谦，让一切出家大小乘众而为执谦，乃不违则；六五是护法欲界诸天，故能摧邪以显正，而征不服；上六是色、无色天，虽亦护正摧邪，而禅定中无瞋恚相，不能作大折伏法门，故志未得。

豫 ䷏ 坤下震上

豫：利建侯行师。

约世道：则圣德之君以谦临民，而上下胥悦。约佛化：则道法流行，而人天胥庆。约观心：则证无相法，受无相之法乐也。世道既豫，不可忘于文事武备，故宜建侯以宣德化，行师以备不虞。道法既行，不可失于训导警策，故宜建侯以主道化，行师以防弊端。自证法喜，不可不行化导，故宜建侯以摄受众生，行师以折伏众生也。又慧行如建侯，行行如行师。又生善如建侯，灭恶如行师。初得法喜乐者，皆应为之。

《彖》曰：豫，刚应而志行，顺以动，豫。豫顺以动，故天地如之，而况"建侯行师"乎？天地以顺动，故日月不过，而四时不忒。圣人以顺动，则刑罚清而民服。豫之时义大矣哉！

顺以动，虽豫之德，实所以明保豫之道也。夫六十四卦皆时耳。时必有义，义则必大。何独豫为然哉？豫则易于怠忽，故特言之。

佛法释者：惟顺以动，故动而恒顺。所谓称性所起之修，全修还在性也。时义岂不大哉！

《象》曰：雷出地奋，豫。先王以作乐崇德，殷荐之

上帝，以配祖考。

佛法释者：作乐，如经所谓梵呗咏歌，自然敷奏也。崇德，以修严性也。殷荐上帝，即名本源自性为上帝。祖考，谓过去诸佛也。

初六：鸣豫，凶。

《象》曰：初六"鸣豫"，志穷凶也。

夫盛极必衰，乐极必苦。豫不可以不慎也。故六爻多设警策之辞，亦即《象》中建侯行师之旨耳。初六上和九四而为豫，自无实德，志在恃人而已，能弗穷乎？

六二：介于石，不终日，贞吉。

《象》曰："不终日，贞吉"，以中正也。

苏眉山曰：以阴居阴，而处二阴之间，晦之极，静之至也。以晦观明，以静观动，则凡吉凶祸福之至，如长短黑白陈于吾前，是以动静如此之果也。介于石，果于静也；不终日，果于动也。是故孔子以为知机也。

六三：盱豫，悔。迟有悔。

《象》曰："盱豫"有悔，位不当也。

六三亦无实德，上视四以为豫，急改悔之可也。若迟，则有悔矣。夫视人者岂能久哉？

九四：由豫，大有得。勿疑，朋盍簪。

《象》曰："由豫，大有得"，志大行也。

为豫之主，故名由豫。夫初与三与六，皆由我而为豫矣。二、五各守其贞，慎勿疑之。不疑，则吾朋益固结也。

六五：贞疾，恒不死。

《象》曰：六五"贞疾"，乘刚也。"恒不死"，中未亡也。

二、五皆得中，故皆不溺于豫而为贞也。但二远于四，又得其正，故动静不失其宜。五乘九四之刚，又不得正，安得不成疾乎？然犹愈于中丧其守，而外求豫者也。

上六：冥豫成，有渝无咎。

《象》曰："冥豫"在上，何可长也？

豫至于冥，时当息矣；势至于成，必应变矣。因其变而通之，因其冥而息之，庶可以免咎耳。

佛法释者：九四为代佛扬化之人，余皆法门弟子也；初六不中不正，恃大人福庇，而忘修证之功，故凶；六二柔顺中正，能于介尔心中，彻悟事造理具两重三千，其理决定不可变易，顿悟顿观，不俟终日之久，此善于修心、得其真正法门者也，故吉；六三亦不中正，但以近于严师，故虽盱豫，而稍知改悔，但无决断勇猛之心，故诫以悔，迟则必有悔；九四为卦之主，定慧和平，自利利他，法皆成就，故朋坚信而志大行；六五柔质不正，反居明师良友之上，可谓病入膏肓，故名贞疾，但以居中，则一点信心犹在，善根不断，故恒不死；上六柔而得正，处豫之终，未免沈空取证，但本有愿力，亦不毕竟入于涅槃，终能回小向大，而有渝无咎，死水不藏龙，故曰何可长也。

若约位象人者：初六是破戒僧，六二是菩萨圣僧，六三是凡夫僧，九四是绍祖位人，六五是生年上座，上六是法性上座也。

随 ䷐ 震下兑上

随：元、亨、利、贞，无咎。

约世道：则上下相悦，必相随顺。约佛化：则人天胥悦，受化者多。约观心：则既得法喜，便能随顺诸法实相。皆元、亨之道也。然必利于贞，乃得无咎。不然，将为蛊矣！

《彖》曰：随，刚来而下柔，动而说，随。大亨贞，无咎，而天下随时。随时之义大矣哉！

震为刚，兑为柔，今震反居兑下，故名刚来下柔也。内动外悦，与时偕行，故为天下随时。犹儒者所谓"时习时中"，亦佛法中所谓"时节若到"，其理自彰，机感相合，名为一时，故随时之义称大。

《象》曰：泽中有雷，随。君子以向晦入宴息。

观心释者：既合本源自性，上同往古诸佛，则必冥乎三德秘藏而入大涅槃也。

初九：官有渝，贞吉。出门交有功。

《象》曰："官有渝"，从正吉也。"出门交有功"，不失也。

官者，物之正主。九五为六二正主，则六二乃官物也。而阴柔不能远达，乃变其节以随初。初宜守正，不受其随则吉。盖交六二于门内，则得二而失五，不如交九五于门外，虽失二而有功，君子以为不失也。

六二：系小子，失丈夫。

《象》曰："系小子"，弗兼与也。

系初必失五，安有两全者哉？所以为二诫也。

六三：系丈夫，失小子，随有求得。利居贞。

《象》曰："系丈夫"，志舍下也。

四为丈夫，初为小子。三近于四，而远于初，然皆非正应也。但从上则顺，系近则固，故周公诫以居贞，而孔子赞其志。

九四：随有获，贞凶。有孚在道，以明，何咎。

《象》曰："随有获"，其义凶也。"有孚在道"，明功也。

六二欲往随九五，必历四而后至。四固可以获之，获则得罪于五而凶矣。惟深信随之正道，则心迹可明而无咎，亦且同初九之有功也。

九五：孚于嘉，吉。

《象》曰："孚于嘉，吉"，位正中也。

六二阴柔中正，五之嘉偶也。近于初而历于四，迹甚可疑。九五阳刚中正，深信而不疑之，得二之心，亦得初与四之心而吉矣。

上六：拘系之乃从，维之。王用亨于西山。

《象》曰："拘系之"，上穷也。

阴柔得正，居随之极，专信九五，而固结不解者也，故可亨于神明，然穷极而不足以有为矣。

佛法释者：三阳皆为物所随，故明随机之义；三阴皆随顺乎阳，故明随师之道。初九刚正居下，始似不欲利生者，故必有渝乃吉，出门乃为有功；九四刚而不正，又居上位，虽膺弘法之任，有似夹带名利之心，故有获而贞凶，惟须笃信出世正道，则心事终可明白；九五刚健中正，自利利他，故孚于嘉而吉；六二柔顺中正，而无慧力，未免弃大取小；六三不中不正，而有慧力，则能弃小从大，然虽云弃小从大，岂可藐视小简而不居贞哉？上六阴柔得正，亦无慧力，专修禅悦以自娱，乃必穷之道也。惟以此笃信之力，回向西方，则万修万人去耳。

蛊 ䷑ 巽下艮上

蛊：元亨，利涉大川。先甲三日，后甲三日。

蛊者，器久不用而虫生，人久宴溺而疾生，天下久安无为而弊生之谓也。

约世道：则君臣悦随，而无违弼吁咈之风，故成弊。约佛法：则天人胥悦，举世随化，必有邪因出家者，贪图利养，混入缁林，故成弊。

约观心究竟随者，则示现病行而为蛊。约观心初得小随顺者，既未断惑，或起顺道法爱，或于禅中发起夙习而为蛊。然治既为乱阶，乱亦可以致治，故有元亨之理。但非发大勇猛如涉大川，决不足以救弊而起衰也。故须先甲三日以自新，后甲三日以丁宁，方可挽回积弊，而终保其善图耳。

《彖》曰：蛊，刚上而柔下，巽而止，蛊。"蛊，元亨"，而天下治也。"利涉大川"，往有事也。"先甲三日，后甲三日"，终则有始，天行也。

艮刚在上，止于上而无下济之光；巽柔在下，安于下而无上行之德。上下互相偷安，惟以目前无事为快，曾不知远忧之渐酿也。惟知此积弊之渐，则能设拯救之方，而天下可治。然岂当袖手无为而听其治哉？必须往有事如涉大川，又必体天行之有终有始，然后可耳。世法、佛法，垂化观心，无不皆然。

《象》曰：山下有风，蛊。君子以振民育德。

振民如风，育德如山。非育德不足以振民，非振民不足以育德。上求下化，悲智双运之谓也。

初六：干父之蛊，有子，考无咎。厉，终吉。

《象》曰："干父之蛊"，意承考也。

蛊非一日之故，必历世而后见，故诸爻皆以父子言之。初六居蛊之始，坏犹未深，如有贤子，则考可免咎也。然必惕厉，乃得终吉。而干蛊之道，但可以意承考，不可承考之事。

九二：干母之蛊，不可贞。

《象》曰："干母之蛊"，得中道也。

苏眉山曰：阴性安无事，而恶有为，故母之蛊干之尤难。正之则伤爱，不正则伤义，非九二不能任也。二以阳居阴，有刚之实，而无刚之迹，可以免矣。

九三：干父之蛊，小有悔，无大咎。

《象》曰："干父之蛊"，终无咎也。

苏眉山曰：九三之德与二无异，特不知所以用之。二用之以阴，而三用之以阳，故小有悔而无大咎。

六四：裕父之蛊，往见吝。

《象》曰："裕父之蛊"，往未得也。

阴柔无德，故能益父之蛊。裕，益也。

六五：干父之蛊，用誉。

《象》曰："干父""用誉"，承以德也。

柔中得位，善于干蛊。此以中兴之德，而承先绪者也。

上九：不事王侯，高尚其事。

《象》曰："不事王侯"，志可则也。

下五爻皆在事内，如同室有斗，故以父子明之；上爻独在事外，如乡邻有斗，故以王侯言之。尚志即是士之实事，可则即是廉顽起懦高节，即所以挽回斯世之蛊者也。

统论六爻。约世道：则初如贤士，二如文臣，三如贤将，四如便嬖近臣，五如贤王，六如夷、齐之类。约佛化：则下三爻如外护，上三爻如内护。初六柔居下位，竭檀施之力，以承顺三宝者也；九二刚中，以慈心法门屏翰正法者也；九三过刚，兼威折之用，护持佛教者也；六四柔正，但能自守，不能训导于人；六五柔中，善能化导一切；上九行头陀远离行，似无意于化人，然佛法全赖此人以作榜样，故志可则也。约观心：则初六本是定胜，为父之蛊，但居阳位，则仍有慧子而无咎，然必精厉一番，方使慧与定等而终吉；九二本是慧胜，为母之蛊，但居阴位，则仍有定，然所以取定者，为欲助慧而已，岂可终守此定哉！九三过刚不中，慧反成蛊，故小有悔，然出世救弊之要，终藉慧力，故无大咎；六四过于柔弱，不能发慧，以此而往，未免随味禅生上慢，所以可羞；六五柔而得中，定有其慧，必能见道；上九慧有其定，顿入无功用道，故为不事王侯而高尚其事之象，所谓佛祖位中留不住者，故志可则。

临 ䷒ 兑下坤上

临：元、亨、利、贞。至于八月有凶。

约世道：则干蛊之后，可以临民。约佛法：则弊端既革，化道复行。约观心：则去其禅病，进断诸惑，故元亨也。世法、佛法、观心之法，始终须利于贞，若乘势而不知返，直至八月，则盛极必衰，决有凶矣。八月为遁，与临相反，谓不宜任其至于相反，而不早为防闲也。

《彖》曰：临，刚浸而长。说而顺，刚中而应，大亨以正，天之道也。"至于八月有凶"，消不久也。

刚浸而长，故名为临。说而顺，刚中而应，故为大亨。以正与乾之元、亨、利、贞同道，此乃性德之本然也。若一任其至于八月，而不早为防闲，则必有凶。以有长有消，乃自然之势，惟以修合性者，乃能御天道，而不被天道所消长耳。

《象》曰：泽上有地，临。君子以教思无穷，容保民无疆。

泽，谓四大海也。地以载物，海以载地，此无穷之容保也。

佛法释者：教思无穷，犹如泽，故为三界大师；容保无疆，犹如地，故为四生慈父。

初九：咸临，贞吉。

《象》曰："咸临，贞吉"，志行正也。

约世道：则干蛊贵刚勇，临民贵仁柔。约佛法：则除弊宜威折，化导宜慈摄。约观心：则去恶宜用慧力，入理宜用定力。初九刚浸而长，故为咸临，恐其任刚过进，故诫以贞则吉。

九二：咸临，吉，无不利。

《象》曰："咸临，吉，无不利"，未顺命也。

二亦居阳刚浸长之势，然此时尚宜静守，不宜乘势取进，故必吉乃无不利，若非吉便有不利矣。盖乘势取进，则未顺于大亨以正之天命故也。

六三：甘临，无攸利。既忧之，无咎。

《象》曰："甘临"，位不当也。"既忧之"，咎不长也。

柔而志刚，味著取进，以临为甘，而不知其无所利也。然既有柔德，又有慧性，必能反观忧改，则无咎矣。

六四：至临，无咎。

《象》曰："至临，无咎"，位当也。

佛法释者：以正定而应初九之正慧，故为至临。

六五：知临，大君之宜，吉。

《象》曰："大君之宜"，行中之谓也。

佛法释者：有慧之定，而应九二有定之慧，此所谓王三昧也。中道统一切法，名为大君之宜。

上六：敦临，吉，无咎。

《象》曰："敦临"之吉，志在内也。

柔顺得正，居临之终，如圣灵在天，默佑子孙臣民者矣。

佛法释者：妙定既深，自发真慧，了知心外无法，不于心外别求一法，故为志在内而志无咎。

观 坤下巽上

观：盥而不荐，有孚颙若。

约世道：则以德临民，为民之所瞻仰。约佛法：则正化利物，举世之所归凭。约观心：则进修断惑，必假妙观也。但使吾之精神意志，常如盥而不荐之时，则世法佛法、自利利他，皆有孚而颙然可尊仰矣。

《彖》曰：大观在上，顺而巽，中正以观天下。"观，盥而不荐，有孚颙若"，下观而化也。观天之神道，而四时不忒。圣人以神道设教，而天下服矣。

阳刚在上，示天下以中正之德。顺而不逆，巽而不忤，故如祭之盥手未荐物时。孚诚积于中，而形于外，不言而人自喻之也。圣而不可知之之谓神。天何言哉，四时行焉，不可测知，故名神道。圣人设为纲常礼乐之教，民皆由之，而莫知其所以然，独非神道乎哉！神者，诚也；诚者，孚也；孚者，人之心也。人心本顺、本巽、本中、本正，以心印心，所以不假荐物而自服矣。

佛法释大观者：绝待妙观也。在上者，高超九界也；顺者，不与性相违也；巽者，遍于九界一切诸法也；中者，不堕生死涅槃二边也；正者，双照二谛，无减缺也；以观天下者，十界所朝宗也。世法则臣民为下，佛法则九界为下，观心则一切助道法门等为下。天之神道即是性德，性德具有常、乐、我、净四德而不忒。

以神道设教，即为称性圆教，故十界同归服也。

《象》曰：风行地上，观。先王以省方，观民设教。

佛法释者：古佛省四土之方，观十界之民，设八教之网以罗之，如风行地上，无不周遍也。

初六：童观，小人无咎，君子吝。

《象》曰：初六"童观"，小人道也。

阴柔居下，不能远观，故如童幼之无知也。小人如童幼，则不为恶；君子如童幼，则无以治国平天下矣。

六二：窥观，利女贞。

《象》曰："窥观""女贞"，亦可丑也。

柔顺中正，以应九五，女之正位乎内，从内而观者也，士则丑矣。

六三：观我生，进退。

《象》曰："观我生，进退"，未失道也。

进以行道，退以修道。能观我生，则进退咸不失道。

六四：观国之光，利用宾于王。

《象》曰："观国之光"，尚宾也。

柔而得正，密迩圣君，无忝宾师之任矣。

九五：观我生，君子无咎。

《象》曰："观我生"，观民也。

修己以敬。万方有罪，罪在朕躬，此君子之道也。

上九：观其生，君子无咎。

《象》曰："观其生"，志未平也。

处师保之位，天下谁不观之？非君子能无咎乎？既为天下人所观，则其为观于天下之心，亦自不能稍懈，故志未平。

约佛法释六爻者：初是外道，为童观，有邪慧故；二是凡夫，为窥观，耽味禅故；三是藏教之机，进为事度，退为二乘；四是通教大乘初门，可以接入别圆，故利用宾于王；五是圆教之机，故观我即是观民，所谓心、佛、众生三无差别；上是别教之机，以中道出二谛外，真如高居果头，不达平等法性，故志未平。

又约观心释六爻者：初是理即，如童无所知；二是名字即，如女无实慧；三是观行即，但观自心；四是相似即，邻于真位；五是分证即，自利利他；六是究竟即，不取涅槃，遍观法界众生，示现病行，及婴儿行。

卷　四

上经之四

噬嗑 ䷔ 震下离上

噬嗑：亨。利用狱。

约世道：则大观在上，万国朝宗。有不顺者，噬而嗑之。舜伐有苗，禹戮防风之类是也。约佛法：则僧轮光显之时，有犯戒者治之。约观心：则妙观现前，随其所发烦恼、业病、魔禅、慢见等境，即以妙观治之。皆所谓亨而利用狱也。

《彖》曰：颐中有物，曰"噬嗑"。噬嗑而亨。刚柔分，动而明，雷电合而章。柔得中而上行，虽不当位，"利用狱"也。

王道以正法养天下，佛法以正教养僧伽，观心以妙慧养法身，皆颐之象也。顽民梗化而须治，比丘破戒而须治，止观境发而须观，皆有物之象也。刚柔分，则定慧平等；动而明，则振作而智照不昏。雷电合而章，则说默互资。雷如说法，电如入定放光也。

二、五皆柔，故柔得中，即中道妙定也。上行者，震有奋发之象，离有丽天之象。虽不当位者，六五以阴居阳，如未入菩萨正位之象，然观行中定慧得所，故于所发之境，善用不思议观以治之也。

《象》曰：雷电噬嗑，先王以明罚敕法。

明罚即所以敕法，如破境即所以显德也。

初九：屦校灭趾，无咎。

《象》曰："屦校灭趾"，不行也。

夫噬嗑者，不论世法佛法，自噬噬他，皆须制之于早，不可酿至于深。又须得刚克柔克之宜，不可重轻失准。今初九在卦之下，其过未深，以阳居阳，又得其正，故但如屦校灭趾，即能惩恶不行而无咎也。灭趾，谓校掩其趾。

六二：噬肤灭鼻，无咎。

《象》曰："噬肤灭鼻"，乘刚也。

阴柔中正，其过易改，故如噬肤。下乘初九之刚，故如灭鼻。灭鼻，谓肤掩其鼻。

六三：噬腊肉，遇毒。小吝，无咎。

《象》曰："遇毒"，位不当也。

在下之上，过渐深矣。以阴居阳，又有邪慧如毒，吝可知也。然当噬嗑之时，决不至于怙终，故得无咎。

九四：噬干肺，得金矢。利艰贞，吉。

《象》曰："利艰贞，吉"，未光也。

田猎射兽，矢锋入骨而未拔出。今噬干胏时，方乃得之，亦可畏矣。此喻积过已久也。然刚而不过，必能自克，故利于艰贞则吉。

六五：噬干肉，得黄金。贞厉，无咎。

《象》曰："贞厉，无咎"，得当也。

柔虽如肉，而过成已久，如肉已干矣。赖有中德可贵，如得黄金。守此中德之贞，兢兢惕厉，庶可复于无过耳。

上九：何校灭耳，凶。

《象》曰："何校灭耳"，聪不明也。

过恶既盈，不可复救，如荷厚枷，掩灭其耳。盖由聪听不明，不知悔过迁善，以至此也。

观心释者：初九境界一发，即以正慧治之，如灭趾而令其不行；六二境发未深，即以正定治之，所噬虽不坚硬，未免打失巴鼻；六三境发渐甚，定慧又不纯正，未免为境扰乱，但不至于堕落；九四境发夹杂善恶，定慧亦不纯正，纵得小小法利，未证深法；六五纯发善境，所得法利亦大，然犹未入正位，仍须贞厉，乃得无咎；上九境发极深，似有定慧，实则不中不正，反取邪事而作圣解，永堕无闻之祸也。

賁 ䷲ 离下艮上

賁：亨，小利有攸往。

约世道：则所噬既嗑之后，偃武修文。约佛法：则治罚恶僧之后，增设规约。约观心：则境发观成之后，定慧庄严。凡此皆亨道也。然世法、佛法，当此之时，皆不必大有作为，但须小加整饬而已。

《彖》曰：賁，亨，柔来而文刚，故亨。分刚上而文柔，故"小利有攸往"，天文也。文明以止，人文也。观乎天文，以察时变；观乎人文，以化成天下。

賁则必亨。以其下卦本乾，而六二以柔来文之，则是质有其文，亦是慧有其定，故亨也。上卦本坤，而上九分刚以文之，则是文有其质，亦是定有其慧，故小利有攸往也。

文质互资，定慧相济，性德固然，非属强设，名为天文；体其有定之慧，寂而常照，为文明；体其有慧之定，照而常寂，为止。是谓以修合性，名为人文。性德则具造十界，故观之可察时变；修德则十界全归一心，故观之可化成天下。

《象》曰：山下有火，賁。君子以明庶政，无敢折狱。

賁非折狱之时也，庶政苟明，则可以使民无讼矣。

佛法释者：山下有火，外止内明，故于三千性相之庶政，一一明之，了知一切法正、一切法邪，终不妄于其中判断一是一非，而生取舍情见，如无敢折狱也。

初九：贲其趾，舍车而徒。

《象》曰："舍车而徒"，义弗乘也。

卦虽以刚柔相文，得名为贲，而实非有事于矫饰也。故六爻皆取本色自贲，而终极于白①贲。正犹《诗》所谓"素以为绚"，盖天下之真色，固莫有胜于白者。今初九抱德隐居，晚食以当肉，安步以当车，乃以义自贲者也。

六二：贲其须。

《象》曰："贲其须"，与上兴也。

柔顺中正，虚心以取益乎上下之贤，乃以师友自贲者也。

九三：贲如濡如，永贞吉。

《象》曰："永贞"之吉，终莫之陵也。

刚正而居明体之上，足以润及于六二、六四，而使之同为圣贤，乃以师道自贲者也。

六四：贲如皤如，白马翰如，匪寇，婚媾。

《象》曰：六四，当位疑也。"匪寇，婚媾"，终无尤也。

柔而得正，知白贲之可贵，故求贤无厌倦心。近则亲乎九三，俯则应乎初九，仰则宗乎上九，无一非我明师良友。即六二、六五，亦皆我同德相辅之朋。"见贤思齐，见不贤而自省"，安有寇哉？盖由居上卦之下，则是上而能下，不敢自信自专，乃

---

① "白"，原作"曰"。

以虚心自贲者也。

六五：贲于丘园，束帛戋戋。吝，终吉。

《象》曰：六五之吉，有喜也。

柔中而有阳刚之志，能知道德之乐，而不以势位自骄，视天位之尊与丘园等，如大禹之菲饮食、恶衣服、卑宫室，为束帛戋戋吝惜之象。实则吾无间然而终吉，盖以盛德自贲者也。

上九：白贲，无咎。

《象》曰："白贲，无咎"，上得志也。

以刚居艮止之极，又在卦终，而居阴位，则非过刚。年弥高，德弥邵，纯净无疵，如武公之盛德至善以自贲者也。

佛法释者：初九以施自贲，六二以戒自贲，九三以忍自贲，六四以进自贲，六五以定自贲，上九以慧自贲。又初九为理贲，不以性德滥修德故；六二为名字贲，从此发心向上故；九三为观行贲，不可暂忘故；六四为相似贲，不住法爱故；六五为分证贲，于三谛不漏失故；上九为究竟贲，复于本性，无纤瑕故。

剥☷ 坤下艮上

剥：不利有攸往。

《彖》曰：剥，剥也，柔变刚也。"不利有攸往"，小人长也。顺而止之，观象也。君子尚消息盈虚，天行也。

约世道：则偃武修文之后，人情侈乐，国家元气必从此剥。约佛法：则规约繁兴之后，真修必从此剥。约观心有二义：一约得边，则定慧庄严之后，皮肤脱尽，真实独存，名之为剥；一约失边，则世间相似定慧，能发世间辩才文彩，而于真修之要反受剥矣。约得别是一途，今且约失而论，则世、出世法皆不利有攸往。所谓"不利有攸往"者，非谓坐听其剥，正示挽回之妙用也。往必受剥，不往则顺而止之，所以挽回其消息盈虚之数，而合于天行也。

《象》曰：山附于地，剥。上以厚下，安宅。

山附于地，所谓得乎丘民而为天子也。百姓足，君孰与不足？故厚下乃可安宅，此救剥之妙策也。观心释者，向上事，须从脚跟下会取，正是此意。

六爻约世道：则朝野无非阴柔小人，惟一君子高居尘外。约佛化：则在家出家，皆以名利相縻，惟一圣贤远在兰若。约观心：则修善断尽，惟一性善从来不断。

初六：剥床以足，蔑。贞凶。

《象》曰："剥床以足"，以灭下也。

床者所以栖身，剥床则身无所栖矣。初在最下，故如剥足。于世法为恶民，于佛法为恶伽蓝民，于观心为剥损戒足也。别约得者，是剥去四恶趣因，然设无四恶趣，则大悲无所缘境，故诫以蔑、贞凶。

六二：剥床以辨，蔑。贞凶。

《象》曰："剥床以辨"，未有与也。

于世法为恶臣，于佛法为恶檀越，于观心为剥损禅定。无定，则散乱不能辨理，故未有与。别约得者，是剥去人天散善，然设无人天散善，则无以摄化众生，故亦诫以蔑、贞凶。

六三：剥之，无咎。

《象》曰："剥之，无咎"，失上下也。

于世法为混迹小人之君子，于佛法为有正见之外护，于观心为剥损智慧。剥慧则不着于慧，故能因败致功，坐断两头而失上下。又别约得者，是剥去色、无色界，味禅暗定，故得无咎。

六四：剥床以肤，凶。

《象》曰："剥床以肤"，切近灾也。

下卦如床，上卦如身。今剥及身肤，不可救矣！于世法为恶宰辅，于佛法为恶比丘，于观心为剥无一切因果。别约得者，是剥去二乘入真法门，然设无真谛，则无以出生死而不染世间过患，故诫以切近于灾。所谓毫厘有差，天地悬隔也！

六五：贯鱼，以宫人宠，无不利。

《象》曰："以宫人宠"，终无尤也。

于世法：为柔君以在君位。又居阳而得中，能师事上九高贤，挽回天下之乱，如文王之师吕尚。于佛法：为福德比丘作丛林主，率众僧以师事圣贤。于观心：为即修恶以达性恶，性恶融通，任运摄得佛地性善功德，故无不利。又别约得者：从空入假，剥二边以归中道，故须达中道统一切法，如贯鱼以宫人宠，使法法皆成摩诃衍道，则无不利。

上九：硕果不食，君子得舆，小人剥庐。

《象》曰："君子得舆"，民所载也。"小人剥庐"，终不可用也。

于世法：为事外高贤，如吕尚、箕子之类。于佛法：为出世高流，人间福田。于观心：为性善终不可剥，故如硕果不食。君子悟之以成道，小人恃之而生滥圣之慢者也。别约得者：亦指性德从来不变不坏。能悟性德，则当下满足一切佛法，故君子得舆；执性废修，则堕落恶趣，故小人剥庐。

复 ䷗ 震下坤上

复：亨。出入无疾，朋来无咎。反复其道，七日来复。利有攸往。

约世道：则衰剥之后，必有明主中兴而为复。约佛化：则沦替之后，必有圣贤应现，重振作之而为复。约观心又二义：一者承上卦约失言之，剥而必复，如平旦之气，好恶与人相近，又如调达得无根信也；二者承上卦约得言之，剥是荡一切情执，复是立一切法体也。若依第三观，则从假入空名剥，从空入假名复。若一心三观，则以修吻性名剥，称性垂化名复。复则必亨。阳刚之德为主，故出入可以无疾；以善化恶，故朋来可以无咎。一复便当使之永复，故反复其道。至于七日之久，则有始有终，可以自利利他而有攸往也。

《象》曰："复，亨"，刚反，动而以顺行，是以"出入无疾，朋来无咎"。"反复其道，七日来复"，天行也。"利有攸往"，刚长也。复，其见天地之心乎？

观心释者：佛性名为天地之心，虽阐提终不能断，但被恶所覆而不能自见耳。苦海无边，回头是岸。一念菩提心，能动无边生死大海。复之所以得亨者，以刚德称性而发，遂有逆反生死之势故也。此菩提心一动，则是顺修，依此行去，则出入皆无疾，朋来皆无咎矣。然必反复其道七日来复者，体天行之健而为自强不息之功，当如是也。充此一念菩提之心，则便利有攸往。以刚虽至微，而增长之势已自不可御也，故从此可以见吾本具之佛性矣。又出谓从空出假，入谓从假入空，既顺中道法性，则不住生死，不住涅槃，而能游戏于生死涅槃，故无疾也。朋谓九界性相，开九界之性相，咸成佛界性相，故无咎也。

《象》曰：雷在地中，复。先王以至日闭关，商旅不行，后不省方。

杨慈湖曰：舜禹十有一月朔巡狩，但于冬至日则不行耳。

观心释者：复，虽有刚长之势，而利有攸往，然必静以养其机，故观行即佛之先王。既大悟藏性之至日，必关闭六根，脱粘内伏，暂止六度万行商旅之事。但观现前一念之心，而未可遍历阴界入等诸境以省观也。

初九：不远复，无祗悔，元吉。

《象》曰："不远"之复，以修身也。

此如颜子。

约佛法者：正慧了了，顿见佛性，顿具诸行，所以元吉，如圆教初住。又约六度：即是般若正道。

六二：休复，吉。

《象》曰："休复"之吉，以下仁也。

此如曾子。

约佛法者：正定得中，邻真近圣，如圆教十信。又约六度：即是正定与慧相连。

六三：频复，厉，无咎。

《象》曰："频复"之厉，义无咎也。

此如子路。

约佛法者：有定有慧，而不中正，故须先空，次假，后中，名为频复，勤劳修证而得无咎。又约六度：即是精进勤策相续。

六四：中行独复。

《象》曰："中行独复"，以从道也。

此如蘧伯玉。

约佛法者：正定而与初应，如通教利根接入于圆。又约六度：即是忍辱。由与初应，则生法二忍，便成第一义忍。

六五：敦复，无悔。

《象》曰："敦复，无悔"，中以自考也。

此如周宣、汉文、宋仁。

约佛法者：定慧调匀，亦且得中，但与阳太远，故必断惑证真之后，俟开显而会入圆位，如藏通二乘。又约六度：即是持戒。虽远于初，但自考三业无失，自然合理而得无悔。

上六：迷复，凶，有灾眚。用行师，终有大败。以其国，君凶，至于十年不克征。

《象》曰："迷复"之凶，反君道也。

此如王安石、方孝孺等。生今反古，名为迷复，非昏迷不复之谓。

约佛法者：不中不正，恃世间小定小慧以为极则，因复成迷，故不惟凶，且有灾眚。若以此设化教人，必大败法门，损如来之正法，至于十年而弗克征。以其似佛法而实非佛法，反于圆顿大乘之君道，如今世高谈圆顿向上者是也。又约六度：即是布施，而远于智慧。著相、著果报，起慢、起爱，亦能起见，故虽是善因，反招恶果，良由不达佛法之君道故耳。

无妄 ䷘ 震下乾上

无妄：元、亨、利、贞。其匪正有眚，不利有攸往。

约世道：则中兴之治，合于天道而无妄。约佛法：则中兴之化，同于正法而无妄。约观心：则复其本性，真穷惑尽而无妄。皆元亨而利于正者也。然世、出世法，自利利他，皆须深自省察，不可夹一念之邪，不可有一言一行之眚。倘内匪正而外有眚，则决不可行矣，圣人持满之戒如此。

《彖》曰：无妄，刚自外来，而为主于内。动而健，刚中而应。大亨以正，天之命也。"其匪正有眚，不利有攸往"，无妄之往，何之矣？天命不佑，行矣哉！

震之初爻，全揽乾德为体，故曰自外来为主于内也。性德虽人人本具，然在迷情，反为分外。今从性起修，了知性德是我固有，故名为主于内。夫既称性起修，必须事事随顺法性，倘三业未纯，纵有妙悟，不可自利利他。既不合于性德，则十方诸佛不护念之，安能有所行哉？

《象》曰：天下雷行，物与无妄。先王以茂对时，育万物。

佛法释者：师子奋迅，三世益物，名茂对时。番番种熟脱，使三草二木任运增长而归一实，名育万物。

105

初九：无妄，往吉。

《象》曰："无妄"之往，得志也。

《彖》云"无妄之往，何之矣"，乃指匪正有眚，出于无妄而往于妄也。此云无妄往吉，乃依此真诚无妄而往应一切事也，所以得志而吉。

六二：不耕获，不菑畬，则利有攸往。

《象》曰："不耕获"，未富也。

田一岁曰菑，三岁曰畬。世未有不耕而获、不菑而畬者。夫不耕不菑，此绝无望于获畬者也。然能获能畬，此何以致之乎？孔子云："隐居以求其志，行义以达其道。"又云："耕也，馁在其中矣；学也，禄在其中矣。"六二以阴柔中正，上应九五阳刚中正之君，惟以求志达道为心，而毫不以富贵利禄为念，乃利有攸往而不变其塞耳。

六三：无妄之灾，或系之牛，行人之得，邑人之灾。

《象》曰："行人"得牛，"邑人"灾也。

不中不正，居震之上，此执无妄之理而成灾者也。夫行人得牛，何乃执理而求偿于邑人，岂非祸及无辜者乎？

吴幼清曰：无妄之善有三，刚也，当位也，无应也。刚者，实也；当位者，正也；无应者，无私累也。诸爻或有其三，或有其二，或有其一。初九三皆全，其最善也。九五、九四有其二，九五刚而中正，九四刚而无应，是其次也。六二、上九有其一，六二中正，上九刚实，是又其次也。唯六三于三者咸无焉，而亦得为无妄，何也？下比中正之六二，上比刚实无私之九四。譬如有

人，在己虽无一善，而上有严师，下有良友，亲近切磨，夹持熏
染，亦不至于为恶。此六三之所以亦得为无妄也。

陈曼昭曰：世固有忠臣孝子，遇不得已之时势，竟冒不忠不
孝之名，而万古不能自白者。因灾而息其欲自陈白之妄心，是为
无妄之灾。如系牛于邑，而行人得之，彼行人决不可查考，而邑
人决无以自白。惟有吞声忍气，赔偿其牛而已。忠臣孝子之蒙怨
者，亦复如是。

九四：可贞，无咎。

《象》曰："可贞，无咎"，固有之也。

以阳居阴，不好刚以自任，盖其德性然也。

九五：无妄之疾，勿药有喜。

《象》曰："无妄"之药，不可试也。

刚健中正，此无妄之至者也。夫立身于无过之地者，未免责
人太过，所谓执药反成病矣，故勿药而有喜。盖以己律人，则天
下孰能从之？

上九：无妄，行有眚，无攸利。

《象》曰："无妄"之行，穷之灾也。

以阳居阴，虽非过刚，而居无妄之极，则是守常而不知变通
者也。既无善权方便，其何以行之哉？

佛法释者：六爻皆悟无妄之理而为修证者也。初九正慧直进，故
现生克果而得志；六二正定治习，故须于禅法不取不证，则可以借
路还家；六三不中不正，虽有小小定慧，能开示人，令其得道得果。
如行人得牛，而自己反成减损。久滞凡地，如邑人之灾。九四慧而

有定，自利有余，乃是达其性具定慧，非是修而后有；九五刚健中正，自利已圆，为众生故，示现病行，岂更须对治之药？即初心修观亦复如是。一切境界无非性德，体障即德，无可对治也。上九不中不正，恃性德而不事修德，躬行多眚，何利之有？盖由一味高谈向上，以至于穷，故成灾也。

大畜 ䷙ 乾下艮上

大畜：利贞，不家食，吉。利涉大川。

畜，蓄积也，蓄积其无妄之道，以养育天下者也。约世道：则中兴之主，复于无妄之道，而厚蓄国家元气。约佛化：则四依大士，复其正法之统，而深养法门龙象。约观心：则从迷得悟，复于无妄之性，而广积菩提资粮。皆所谓大畜也。世、出世法，弘化进修，皆必以正为利，以物我同养为公，以历境练心为要，故不家食，吉，而利涉大川也。

《彖》曰："大畜"，刚健笃实，辉光，日新其德。刚上而尚贤，能止健，大正也。"不家食，吉"，养贤也。"利涉大川"，应乎天也。

乾之刚健，艮之笃实，皆有辉光之义焉。以此日新其德，则蓄积深厚广大，故名大畜。然所谓利贞，不家食、吉、利涉大川者，非是性外别立修德，乃称性所起之修，全修在性者也。试观乾德之刚，上行居卦之终，而六五能尊尚之。且卦体外止内健，岂非本性大正之道乎？六五以柔中之德，上则养贤师以风天下，下则养贤士以储国用。岂非不家食、吉之正道乎？且以柔中之德，应九二天德之刚，刚柔相济，何远不通？岂非利涉大川之正道乎？

《象》曰：天在山中，大畜。君子以多识前言往行，以

畜其德。

一山之中具有天之全体，一念心中具摄十世古今。揽五时八教之前言，该六度万德之往行，以成我自心之德。以此自畜，即以此畜天下矣。

吴幼清曰：识，谓记之于心。德大于前言往行，犹天之大于山也。以外之所闻所见，而涵养其中至大之德，犹山在外，而藏畜至大之天于中也。前言往行，象山中宝藏之多。德，象天之大。

初九：有厉，利已。

《象》曰："有厉，利已"，不犯灾也。

六爻皆具刚健、笃实、辉光之义，而自新新民者也。初九阳刚在下，正宜隐居求志，故有惕厉之功，而先利自己。己利既成，任运可以利人。若己躬下事未办，而先欲度人，则犯灾也。

九二：舆说輹。

《象》曰："舆说輹"，中无尤也。

刚而得中，专修定慧，似无意于得时行道者。然自利正是利他之本，故中无尤。

九三：良马逐，利艰贞。曰闲舆卫，利有攸往。

《象》曰："利有攸往"，上合志也。

刚而得正，居乾之上，不患不能度生也，患其欲速喜进，失于防闲耳，故必利于艰贞。闲其舆卫，乃利攸往，亦以上有六四之良友、六五之贤君、上九之明师，与之合志，必能互相警励，故可往也。

六四：童牛之牿，元吉。

《象》曰：六四"元吉"，有喜也。

柔而得正。下则应初九刚正之良友，亲九三刚正之畏友。上则近六五柔中之圣君，过端未形，而潜消默化，如童牛未角，先施以牿，更无抵触之患。以此自养，以此为天下式，大善而吉，悦而且乐者矣。

六五：豶豕之牙，吉。

《象》曰：六五之吉，有庆也。

豶，犗也。犗则不暴，而牙仍坚利也。柔得中位，尊上贤而应下乾，性德既无偏颇，所养又复周足，自利成就，可以君临天下。举天下之善恶众庶，无不入吾陶冶，故如豶豕之牙。

上九：何天之衢，亨。

《象》曰："何天之衢"，道大行也。

以刚柔相济之德，当圣君师保之任。隐居所求之志，至此大行无壅，盖不啻行于天衢也。

颐 ䷚ 震下艮上

颐：贞吉。观颐，自求口实。

约世道：则畜德以养天下。约佛化：则畜德以利群生。约观心：则菩提资粮既积，而长养圣胎也。自利利他，皆正则吉，皆须视从来圣贤之所为颐者何如，皆须自视其所以为口实者何如。

《彖》曰："颐，贞吉"，养正则吉也。"观颐"，观其所养也。"自求口实"，观其自养也。天地养万物，圣人养贤以及万民。颐之时大矣哉！

养正则吉，明养而非正，正而不养，皆非吉道也。不观圣贤之所养，则无以取法思齐；不观自养之口实，则无以匹休媲美。且如天地全体太极之德以自养，即能普养万物。圣人养贤辅成己德，即可以及万民。谁谓养正之外，别有利人之方？故正自养时，即全具位育功能而称大也。

《象》曰：山下有雷，颐。君子以慎言语，节饮食。

言语、饮食，皆动之象也。慎之、节之，不失其止也。故知养正莫善于知止。

初九：舍尔灵龟，观我朵颐，凶。

《象》曰："观我朵颐"，亦不足贵也。

阳刚为自养养他之具，知止为自养养他之贞。初九阳刚，足以自养，如灵龟服气，可不求食。而居动体，上应六四，观彼口实，反为朵颐，失其贵而凶矣，此如躁进之君子。于佛法中，则如乾慧外凡，不宜利物。

六二：颠颐，拂经，于丘颐。征凶。

《象》曰：六二"征凶"，行失类也。

以上养下，乃理之常。六二阴柔，反藉初九之养，拂其经矣。又居动体，恐或不肯自安，将求颐于六五之丘。五虽与二为应，然亦阴柔，不能自养，何能养人？征则徒得凶耳！两阴无相济之功，故为失类，此如无用之庸臣。于佛法中，则如时证盲禅，进退失措。

六三：拂颐，贞凶。十年勿用，无攸利。

《象》曰："十年勿用"，道大悖也。

阴柔不能自养，又不中正，以居动极，拂于颐矣。虽有上九正应，何能救之？终于无用而已，此如邪僻之宰官。于佛法中，则如六群乱众，大失轨范。

六四：颠颐，吉。虎视耽耽，其欲逐逐，无咎。

《象》曰："颠颐"之吉，上施光也。

阴柔得正，而居止体，虽无养具，得养之贞者也。下应初九，赖其养以自养养人。此如体体有容之大臣，吉之道也。初方观我而朵颐，我随其视之耽耽，欲之逐逐，以礼而优待之。在初则不足贵，在我则养贤以及万民，可谓上施光矣。于佛法中，则如贤良营事，善为外护。

六五：拂经，居贞，吉。不可涉大川。

《象》曰："居贞"之吉，顺以从上也。

阴柔无养人之具，空居君位，故名拂经。居止之中，顺从上九，此亦养贤以及万民，为得其正者也。但可处常，不可处变，宜守成，不宜创业耳，此如虚己之贤君。于佛法中，则如柔和同行，互相勉勖。

上九：由颐，厉，吉。利涉大川。

《象》曰："由颐，厉，吉"，大有庆也。

以阳刚居止极，卦之所以为颐者，此也。此如望隆之师保，可以拯济天下者矣。于佛法中，则如证道教授，宰任玄纲。

大过 ䷛ 巽下兑上

大过：栋挠。利有攸往，亨。

约世道：则贤君以道养天下，而治平日久。约佛化：则四依以道化群生，而佛法大行。约观心：则功夫胜进而将破无明也。夫治平既久，则乱阶必萌，所宜防微杜渐；化道既盛，则有漏易生，所宜陈规立矩；功夫既进，则无明将破，所宜善巧用心也。

《彖》曰："大过"，大者过也。"栋挠"，本末弱也。刚过而中，巽而说行，"利有攸往"，乃亨。大过之时大矣哉！

大者既过，所以必当思患豫防。初、上皆弱，所以刚中，不宜恃势令挠，刚虽过而得中。又以巽顺而悦行之，所以犹有挽回匡济之术，乃得亨也。永保无虞亦在此时，盛极忽衰亦在此时，其关系岂不大哉！

《象》曰：泽灭木，大过。君子以独立不惧，遁世无闷。

泽本养木，而反灭木，大过之象也。惟以"独立不惧，遁世无闷"之力持之，庶学有本而养有素，可以砥柱中流耳。

初六：藉用白茅，无咎。
《象》曰："藉用白茅"，柔在下也。

世法佛法，当大过时，皆以刚柔相济为得，过刚过柔为失。今初六以柔居巽体之下，而在阳位，无功名富贵以累其心，唯庸德庸言、下学上达以为其务者也。

约佛法者：定有其慧，兼以戒德精严，故无咎。

九二：枯杨生稊，老夫得其女妻，无不利。

《象》曰："老夫女妻"，过以相与也。

刚而得中，又居阴位，阳得阴助，如枯杨生稊，老夫女妻之象，盖过于下贤者也。

约佛法者：慧与定俱，如先见道，后修事禅，故无不利。

九三：栋挠，凶。

《象》曰："栋挠"之凶，不可以有辅也。

过刚不中，任其刚愎。以此自修，则德必败；以此治世，则乱必生，故栋挠而凶。

约佛法者：纯用邪慧，故不可有辅。

九四：栋隆，吉。有它，吝。

《象》曰："栋隆"之吉，不挠乎下也。

刚而不过，足以自立立人，但居悦体，恐其好大喜功而不安守，故诫以有它则吝。

约佛法者：亦是慧与定俱，但恐夹杂名利之心，则自利利他，未必究竟，故诫以有它则吝。

九五：枯杨生华，老妇得其士夫，无咎无誉。

《象》曰："枯杨生华"，何可久也？老妇士夫，亦可丑也。

虽云阳刚中正，然在大过之时，则是恃其聪明才智者也。享成平之乐，不知民事艰难，且不知下用贤臣，惟与上六阴柔无用之老臣相得，何能久哉！

约佛法者：慧力太过，无禅定以持之，何能发生胜果！

上六：过涉灭顶，凶，无咎。

《象》曰："过涉"之凶，不可咎也。

居过极之地，惟有柔正之德，而无济难之才，故不免于凶，而实非其咎也。

约佛法者：正定无慧，终为顶堕。

坎 ䷝ **坎下坎上**

习坎：有孚，维心亨。行有尚。

约世道：则太平久而放逸生，放逸生而患难洊至。约佛法：则从化多而有漏起，有漏起而魔事必作。约观心：则慧力胜而夙习动，夙习动而境发必强。皆习坎之象也。然世、出世法，不患有重沓之险难，但患无出险之良图。诚能如此卦之中实有孚，深信一切境界皆唯心所现，则亨而行有尚矣，又何险之不可济哉！

《彖》曰：“习坎”，重险也。水流而不盈，行险而不失其信。“维心亨”，乃以刚中也。“行有尚”，往有功也。天险不可升也，地险山川丘陵也，王公设险以守其国。险之时用大矣哉！

善观心者，每即塞以成通。夫习坎虽云重险，然流而不盈，潮不失限，何非吾人修道之要术。所贵深信维心之亨，犹如坎卦之刚中一般，则以此而往，必有功矣。且险之名虽似不美，而险之义实未尝不美。天不可升，天非险乎？山川丘陵，地不险乎？城池之险以守其国，王公何尝不用险乎？惟在吾人善用险，而不为险所用，则以此治世，以此出世，以此观心，无不可矣！

《象》曰：水洊至，“习坎”。君子以常德行，习教事。

常德行，即学而不厌也；习教事，即诲人不倦也。习坎之象，乃万古圣贤心法，奚险之可畏哉！此正合台宗善识通塞、即塞成通之法，亦是巧用性恶法门。

初六：习坎，入于坎窞，凶。

《象》曰："习坎"入坎，失道凶也。

在险之时，不论自利利他，唯贵有孚而定慧相济。今初六以阴居下，毫无孚信之德，乃汩没于恶习而不能自出者也。

九二：坎有险，求小得。

《象》曰："求小得"，未出中也。

刚中有孚，但居下卦，则夙习尚深，未能顿达圣境，仅可小得而已。

六三：来之坎坎，险且枕。入于坎窞，勿用。

《象》曰："来之坎坎"，终无功也。

不中不正，柔而志刚，自谓出险，不知前险之正来。此如邪见增上慢人，故终无功。

六四：樽酒，簋贰，用缶。纳约自牖，终无咎。

《象》曰："樽酒，簋贰"，刚柔际也。

柔而得正，与九五之中正刚德相与，所谓因定发慧，正出险之妙道也。正观如酒，助道如簋，诚朴如缶，方便道如牖，从此可发真而无咎矣。

九五：坎不盈，祇既平，无咎。

《象》曰："坎不盈"，中未大也。

阳刚中正，已得出世真慧现前，如坎之不盈，而风恬浪静也。但初破无明，余惑末尽，故中未大。此勉其速趣极圣而已。

上六：系用徽缰，置于丛棘。三岁不得，凶。

《象》曰：上六失道，凶三岁也。

阴居险极。有定无慧，如凡外痴定，极至非想，终不脱三界系缚。而见取既深，犹如置于丛棘，永不得免离也。

离 ䷝ 离下离上

离：利贞，亨。畜牝牛，吉。

火性无我，丽附草木而后可见，故名为离。

约世道：则重险之时，必丽正法以御世。约佛法：则魔扰之时，必丽正教以除邪。约观心：则境发之时，必丽正观以销阴。故皆利贞则亨也。牝牛柔顺而多力，又能生育犊子，喻正定能生妙慧。

《彖》曰：离，丽也。日月丽乎天，百谷草木丽乎土，重明以丽乎正，乃化成天下。柔丽乎中正，故亨，是以"畜牝牛，吉"也。

如日月必丽天，如百谷草木必丽土。吾人重明智慧，亦必丽乎性德之正，则自利既成，便可以化天下矣。夫智慧光明，必依禅定而发，禅定又依理性而成。今六五、六二，丽乎中正之位，故有亨道，如牝牛能生智慧犊子而吉也。

吴幼清曰：上卦为重明，下卦三爻皆丽乎正。

《象》曰：明两作，离，大人以继明照于四方。

明而又明，相续不息。自既克明其德，便足以照四方矣。

初九：履错然，敬之，无咎。

《象》曰："履错"之敬，以辟咎也。

用观之始，虽有正慧，而行履未纯，故常若错然之象。惟兢兢业业，不敢自安，则德日进而习日除，可辟咎矣。岂俟咎之生而后除哉！

六二：黄离，元吉。

《象》曰："黄离，元吉"，得中道也。

中正妙定，称性所成，以此照一切法，使一切法皆成中道，乃绝待圆融之妙止也。

九三：日昃之离，不鼓缶而歌，则大耋之嗟，凶。

《象》曰："日昃之离"，何可久也！

过用其慧，而无定以济之。有时欢喜太甚，则鼓缶而歌；有时忧虑太切，则大耋之嗟。悲欢乱其衷曲，乾慧不能自持，其退失也必矣。

九四：突如其来如，焚如，死如，弃如。

《象》曰："突如其来如"，无所容也。

虽似有慧有定，而实不中不正，不能调适道品。故时或精进，则失于太速，而突如其来如；时或懈怠，则置诸罔觉，而焚如、死如、弃如也。夫进锐者退必速，其来既突，则决无所容矣，又何俟于焚死弃，而后知其非善终之道哉？

六五：出涕沱若，戚嗟若，吉。

《象》曰：六五之吉，离王公也。

得中之定，能发实慧，进德固无疑矣，然尧舜其犹病诸。文王望道未见，伯玉寡过未能，孔子圣仁岂敢，从来圣贤之学皆如是也。

上九：王用出征，有嘉折首，获匪其丑，无咎。

《象》曰："王用出征"，以正邦也。

刚而不过，又居明极，自利已成，化他有术，人自归慕而折首，非有丑恶须伐也。身正则邦正，邦正则六合归心，重译奉命矣。是之谓王用出征，岂以奋武扬威为出征哉？

卷　五

下经之一

上经始乾坤而终坎离，乃天地日月之象。又寂照定慧之德也，是约性德之始终。下经始咸恒而终既济未济，乃感应穷通之象。又机教相叩，三世益物之象也，是约修德之始终。

又上经始于乾坤之性德，终于坎离之修德，为自行因果具足。下经始于咸恒之机教，终于既济未济之无穷，为化他能所具足。此二篇之大旨也。

咸 ䷞ 艮下兑上

咸：亨，利贞，取女吉。

艮得乾之上爻而为少男，如初心有定之慧，慧不失定者也。兑得坤之上爻而为少女，如初心有慧之定，定不失慧者也。互为能所，互为感应，故名为咸。

约世道：则上下之相交。约佛法：则众生诸佛之相叩。约观心：则境智之相发。夫有感应，必有所通，但感之与应皆必以正。如世之取女，必以其礼，则正而吉矣。

《彖》曰：咸，感也。柔上而刚下，二气感应以相与。止而说，男下女，是以"亨，利贞，取女吉"也。天地感而万物化生，圣人感人心而天下和平。观其所感，而天地万物之情可见矣！

咸何以为感哉？下卦坤体之柔，上于六而成兑；上卦乾体之刚，下于三而成艮，乃天地之二气感应以相与也。又艮止而兑说，以男而下女，此感应之正，所以吉也。

约佛法者：艮为生，兑为佛，众生感佛既专，则佛说法应之。约观心者：艮为观，兑为境，观智研境既专，则境谛开发而得悦矣。世、出世法，皆以感而成事，故可以见天地万物之情。

《象》曰：山上有泽，咸。君子以虚受人。

慢如高山，法水不停。今山上有泽，岂非以其虚而能受哉？

初六：咸其拇。

《象》曰："咸其拇"，志在外也。

咸虽感而遂通，须不违其寂然不动之体，又须善识时位之宜。倘因感而摇其主宰，则反失能应之本矣。大概感应之道，互为能所。然下三爻既居止体，且在下位，故皆不宜妄应于他；上三爻既居悦体，且在上位，故皆宜善应于物。今初六以阴居下，而为九四所感，未免脚指先动。夫用行舍藏原无定局，时止则止，时行则行。行得其当则吉，不得其当则凶，故未可判定是非。即所谓志在外者，亦自不同：若志在天下，不顾身家，则吉；若志在利名，不顾心性，则可羞矣。

六二：咸其腓，凶，居吉。

《象》曰：虽凶"居吉"，顺不害也。

阴柔中正，而为九五所感。倘躁妄欲进则凶，惟安居自守则吉。盖安居自守，乃顺乎柔中之道而不害也。

九三：咸其股，执其随，往吝。

《象》曰："咸其股"，亦不处也。志在随人，所执下也。

以刚正居止极，而为上六所感，未免亟亟以利生为务。不知欲利他者，先须自利成就。若一被顺境所牵，则顿失生平所养，亦可羞也。

九四：贞吉，悔亡。憧憧往来，朋从尔思。

《象》曰："贞吉，悔亡"，未感害也。"憧憧往来"，未光大也。

刚而不过，定慧齐平，得感应之正道，故吉而悔亡。见其己心他心，互含互摄，有憧憧往来之象。既以心为感应之本，则凡有血气莫不尊亲，有朋从尔思之象。惟其得感应之正，虽终日感而不违其寂然不动之体，故未感害也。惟其悟一心之往来，虽知本自何思何虑，而还须精义入神以致用，利用安身以崇德，穷神知化以深造于不可知之域，故未肯遽以现前所证为光大也。

九五：咸其脢，无悔。

《象》曰："咸其脢"，志末也。

阳刚中正而居悦体，如艮其背，不获其身，行其庭，不见其人之象。乃允合于寂然不动、感而遂通之妙，故得毫无过失可悔。而善始善终，证于究竟，名为志末。末，犹终也。

上六：咸其辅颊舌。

《象》曰："咸其辅颊舌"，滕口说也。

柔而得正，为兑之主。内依止德，外宣四辩，为咸其辅颊舌之象。说法无尽，诲人不倦，故曰滕口说也。然初之咸拇，上之咸舌，皆不言吉凶者，以初心初步，有邪有正，事非一概。说法利生，亦有邪有正，辙非一途故也。观于彖辞亨及利贞之诫，则思过半矣。

恒 ䷟ 巽下震上

恒：亨，无咎，利贞。利有攸往。

夫感应之机，不可一息有差，而感应之理，则亘古不变者也。依常然之理而为感应，故泽山得名为咸；依逗机之妙而论常理，故雷风得名为恒。泽山名咸，则常即无常；雷风名恒，则无常即常。又咸是泽山，则无常本常；恒是雷风，则常本无常。二鸟双游之喻，于此亦可悟矣。理既有常，常则必亨，亦必无咎。但常非一定死执之常，须知有体有用。体则非常非无常，用则双照常与无常。悟非常非无常之体，名为利贞。起能常能无常之用，名利有攸往也。

《象》曰：恒，久也。刚上而柔下，雷风相与，巽而动，刚柔相应，恒。"恒，亨，无咎，利贞"，久于其道也。天地之道，恒久而不已也。"利有攸往"，终则有始也。日月得天而能久照，四时变化而能久成，圣人久于其道而天下化成。观其所恒，而天地万物之情可见矣！

恒何以名久？以其道之可久也。震体本坤，则刚上而主之；巽体本乾，则柔下而主之，此刚柔相济之常道也。雷以动之，风以鼓之，此造物生成之常道也。巽于其内，动于其外，此人事物理之常道也。刚柔相应，此安立对待之常道也。久于其道，即名为贞，便可亨而无咎，天地之道亦若是而已矣。始既必终，终亦必始。始终相代故非常，始终相续故非断。非断非常，故常与无常二义俱成。天地则有成住坏空，日月则有昼夜出没，四时则有乘除代谢，圣道则有始终体用，皆常与无常二义双存。而体则非常非无常，强名为恒者也。

《象》曰：雷风，恒。君子以立不易方。

方者，至定而至变、至变而至定者也。东看则西，南观成北，不亦变乎？南决非北，东决非西，不亦定乎？立不易方，亦立于至变至定、至定至变之道而已。

初六：浚恒，贞凶，无攸利。

《象》曰："浚恒"之凶，始求深也。

夫居咸者，每患无主静之操持；而居恒者，每患无变通之学问。今初六以阴居下，知死守而不知变通，求之愈深，愈失亨、贞、攸往之利，故凶。

九二：悔亡。

《象》曰：九二"悔亡"，能久中也。

以刚居柔，且在中位，不偏不倚，无适无莫，乃久于中道，非固执不通之恒，故悔亡也。

九三：不恒其德，或承之羞。贞吝。

《象》曰："不恒其德"，无所容也。

过刚不中，以应上六，未免宜久而不肯久，正与初六相反，然过犹不及。且阳刚而反不恒，尤可羞矣！

张慎甫曰：三之不恒，藉口圆融变通而失之者也。

九四：田无禽。

《象》曰：久非其位，安得禽也？

四为震主，恒于动者也。动非可久之位，安能得禽？盖静方能有获耳。

六五：恒其德，贞。妇人吉，夫子凶。

《象》曰：妇人贞吉，从一而终也。夫子制义，从妇凶也。

柔中而应九二之贤，似得恒之正者。然大君宰化导之权，乃绝无变通阖辟之用，不几为妇道乎？

上六：振恒，凶。

《象》曰："振恒"在上，大无功也。

阴居动极，志大而才小，位尊而德薄。且下应九三不恒之友，其何以济天下哉？王安石、方孝孺似之。

遁 ䷠ 艮下乾上

遁：亨，小利贞。

夫世间之道，久则必变而后通，进则必退而后久。此卦刚而能止，是不以进为进，而正以退为进者也，故亨。然说一退字，便有似于自利之小道矣。若充此小道，不几失立人、达人之弘规乎？故诫以小利贞。言虽示同小道，而终利于大人之贞也。

《彖》曰："遁，亨"，遁而亨也。刚当位而应，与时行也。"小利贞"，浸而长也。遁之时义大矣哉！

尺蠖尚屈而后申，龙蛇亦蛰而后震。君子之学，欲自利利他者，岂不以遁而得亨哉！且九五刚当其位，以应六二之贤，乃与时偕行之道，所以亨也。所言小利贞者，虑其阴柔自守之志，渐渐浸而长也。夫善遁者，则退正所以为进；不善遁者，则退竟终于不进矣。所关顾不大哉！

《象》曰：天下有山，遁。君子以远小人，不恶而严。

外健内止，未尝有意于远小人，而小人自不能媚也。以小人为用，故不恶。小不能擅权，故而严。约圣学者：天君为主，百骸听命，耳目口腹之欲不能为乱也。

初六：遁尾，厉。勿用有攸往。

《象》曰："遁尾"之厉，不往何灾也。

处遁之时，须随其德位以为进退，方不失亨贞之道。今初六阴柔居下，才位俱卑，惟固守为宜，不可妄往以取灾也。此如乐正裘、牧仲。

六二：执之用黄牛之革，莫之胜说。

《象》曰："执用黄牛"，固志也。

柔顺中正，非荣名利禄之所能牵。上应九五刚健中正之君，以行其志。国有道，不变塞焉，故象以执用黄牛之革。此如伊尹。

九三：系遁，有疾厉。畜臣妾，吉。

《象》曰："系遁"之厉，有疾惫也。"畜臣妾，吉"，不可大事也。

刚而得正，可以有为，而居止极，则未免为遁之一字所系，此绝人忘世之道，君子之疾也。然虽不能大有所为，亦须厉勉其精神，以畜臣妾则吉，所谓不能治国，亦且齐家，以为天下风可也。丈人现二子于子路，亦是此意，但无援天下之大手段耳。

九四：好遁，君子吉，小人否。

《象》曰：君子"好遁"，"小人否"也。

以刚居柔，上辅九五，下应初六，承天子之德，抚天下之民，休休有容，君子之吉道，非小人所能学也。此如卫武公。

九五：嘉遁，贞吉。

《象》曰："嘉遁，贞吉"，以正志也。

刚健中正，下应六二阴柔中正之贤。当此遁时，虽有英明神武作略，不自露其才华。遁之嘉美，贞而且吉者也。此如汤王。

上九：肥遁，无不利。

《象》曰："肥遁，无不利"，无所疑也。

刚而不过，尊居师保之位，望隆于天下，而不自伐其德，故为肥遁，而无不利。此如太公。

大壮 ䷡ 乾下震上

大壮：利贞。

夫退养之功愈密，则精神道德益壮。然大者既壮，不患不能致用，特患恃才德而妄动耳。利贞之诫，深为持盈处满者设也。

《彖》曰："大壮"，大者壮也。刚以动，故壮。"大壮，利贞"，大者正也。正大而天地之情可见矣！

夫人一体之中，有大者，有小者。从其大体为大人，从其小体为小人。今言大壮，乃是大者壮也。刚则非情欲所能挠，动则非旧习所能囿，所以壮也。言利贞者，以大者本自正也，不正何以称大？故正大而天地之情可见矣！

约佛法者：天地即表理智，亦表定慧。

《象》曰：雷在天上，大壮。君子以非礼弗履。

非礼弗履，正佛法中所谓悲体，戒雷震也。

初九：壮于趾，征凶，有孚。

《象》曰："壮于趾"，其孚穷也。

虽云大者必正，须知正者乃大。若恃其大以为正，正便成邪；恃其壮以为大，大必不久；恃其正以为壮，壮必有衰。《洪范》所以有"高明柔克"之训，正为此耳。今初九过刚不中，故往则必凶，以其自信自恃，乃必穷之道也。

九二：贞吉。

《象》曰：九二"贞吉"，以中也。

阳居阴位，刚而不过，又得其中，得中即得正矣。

九三：小人用壮，君子用罔。贞厉。羝羊触藩，羸其角。

《象》曰："小人用壮"，君子罔也。

虽本君子，但好刚任壮，未免同于袒金革、蹈白刃、暴虎冯河之小人，适足取困而已。何能决斯世之藩哉！若真是君子，则势虽壮盛，而不自恃，慊然似罔也已。

九四：贞吉，悔亡。藩决不羸，壮于大舆之輹。

《象》曰："藩决不羸"，尚往也。

阳居阴位，以柔济刚，得大壮之贞者，所以削平祸乱而不损其神。以此运载天下，无往而不得也。

六五：丧羊于易，无悔。

《象》曰："丧羊于易"，位不当也。

柔而得中，故绝无刚壮喜触之态而无悔也。位不当，犹所谓有天下而不与。

上六：羝羊触藩，不能退，不能遂。无攸利，艰则吉。

《象》曰："不能退，不能遂"，不详也。"艰则吉"，咎不长也。

质位俱柔，但有壮名，而无壮义，故无攸利。然善用柔者，正不必慕大壮之虚名，惟艰守其柔克之道，则柔能胜刚，反得吉矣。此劝其不能遂则须退也。

晋 ䷢ 坤下离上

晋：康侯用锡马蕃庶，昼日三接。

大壮而能贞，则可进于自利利他之域矣。当此平康之世，贤侯得宠于圣君。锡马蕃庶，锡之厚也；昼日三接，接之勤也。

观心释者：妙观察智为康侯，增长称性功德为锡马蕃庶，证见法身理体为昼日三接。

《彖》曰：晋，进也。明出地上，顺而丽乎大明，柔进而上行，是以"康侯用锡马蕃庶，昼日三接"也。

明若未出，不名平康之晋时；不顺不丽，不名晋世之贤侯。不柔不进，不得锡接之蕃数。盖六五之柔即坤全体，坤与合德，故进而上行以丽之也。

观心释者：根本实智光明，破无明住地而出，故云明出地上。定与慧俱，止观不二，故云顺而丽乎大明。无明实性即佛性，无明转，即变为明，故柔进而上行。是以功德智慧重重增胜也。

《象》曰："明出地上"，晋。君子以自昭明德。

本觉之性名为明德，始觉之功名之为昭，心外无法名之为自，自昭明德，则新民、止至善在其中矣。

初六：晋如、摧如，贞吉。罔孚，裕，无咎。

《象》曰："晋如、摧如"，独行正也。"裕，无咎"，未受命也。

晋之六爻，皆应自昭明德以新民者也，而时位不同，所养亦异，故吉凶悔吝分焉。初六以阴居阳，定有其慧，且居顺体，故可进而晋如。然在卦下，又与鼫鼠为应，非我良朋，则断不宜欲速，故有阻而摧如。夫晋与摧皆外境耳，何与于我？但当守正则吉。纵令一时不足取信，惟宽裕以待之，终无咎矣。言独行正者，自信自肯不求人知之意；言未受命者，犹孟子所谓"命也有性焉，君子不谓命也"之意。

六二：晋如、愁如，贞吉。受兹介福，于其王母。

《象》曰："受兹介福"，以中正也。

柔顺中正，自昭明德，常切望道未见之愁，正而且吉者也。上与六五王母合德，锡以本分应得之福，故名介福。纵令贵极人臣，非分外也。

六三：众允，悔亡。

《象》曰："众允"之，志上行也。

以阴居阳，定有其慧，当晋之时，而在顺体之上。初六所谓罔孚者，裕养至此，众皆允之，而悔亡矣。隐居以求其志，行义以达其道，故曰志上行也。

九四：晋如鼫鼠，贞厉。

《象》曰："鼫鼠，贞厉"，位不当也。

君子之自昭明德也，外宜晦而内宜明，故暗然而日章。以九居四，则外刚而内柔，外明而内晦者也。如鼫鼠，能飞不能过屋，能缘不能穷木，能游不能度谷，能穴不能掩身，能走不能先人，不亦危乎？

蕅益子曰：予昔初入闽中，见有鬻白兔者，人争以百金买之。未几，生育甚多，其价渐减至一钱许。好事者杀而烹之，臭不可食，遂无人买。博古者云："此非白兔，乃鼫鼠耳。"噫！本以贱鼠，谬膺白兔之名。无德居高位者，盖类此矣。

六五：悔亡，失得勿恤。往吉，无不利。
《象》曰："失得勿恤"，往有庆也。

以六居五，定有其慧，又为离明之主，得中道而处天位，正所谓"自新新民，无所不用其极"者也。虽俯乘鼫鼠之九四，仰承晋角之上九，而与坤顺合德，故往接三阴，同成顺丽大明之治，则吉无不利。举世皆蒙其福庆矣，又何失得之可恤哉！

上九：晋其角，维用伐邑，厉吉，无咎。贞吝。
《象》曰："维用伐邑"，道未光也。

上九亦外刚而内柔，外明而内晦者也。而居晋极，则如兽之角矣。以角触人则凶，维用以自治，如伐邑然，则厉吉而无咎。然不能自治于早，至此时而方自治，虽得其正，不亦吝与？四十、五十而无闻焉，斯亦不足畏也已，故曰道未光也。

明夷☷☲ 离下坤上

明夷：利艰贞。

知进而不知退，则必有伤。夷者，伤也。明入地中，其光不耀，知艰贞之为利，乃所谓用晦而明，合于文王、箕子之德矣。

《彖》曰：明入地中，明夷。内文明而外柔顺，以蒙大难，文王以之。"利艰贞"，晦其明也。内难而能正其志，箕子以之。

文明柔顺，虽通指一卦之德，意在六二。内难正志，专指六五。艰贞晦明，则文王、箕子所同也。

观心释者：烦恼恶业，病患魔事，上慢邪见，无非圆顿止观所行妙境。

《象》曰："明入地中，明夷"，君子以莅众，用晦而明。

宁武子之愚不可及，兵法之以逸待劳、以静制动、以暗伺明，皆明夷之用也。圣学则暗然而日章。

初九：明夷于飞，垂其翼。君子于行，三日不食。有攸往，主人有言。

《象》曰："君子于行"，义不食也。

此如太公、伯夷之避纣也。先垂其翼，则不露其飞之形。及行之速，则三日而不遑食。盖义当远遁，不欲主人知之而有言耳。

六二：明夷，夷于左股，用拯马壮，吉。

《象》曰：六二之吉，顺以则也。

文明中正之德，当此明夷之时，虽左股业已受伤，犹往拯救，唯马壮，故吉耳。羑里既囚之后，仍率三分天下之二以服事殷，顺而不忤，诚万古人臣之则也。

九三：明夷于南狩，得其大首，不可疾贞。

《象》曰："南狩"之志，乃大得也。

以刚居刚，在离之上，夜尽将旦之时也，正与上六暗主为应。如武王伐纣，得其大恶之首，然以臣伐君，事不可疾，当持之以贞耳。《象》云南狩之志，犹孟子所云"有伊尹之志则可，无伊尹之志则篡"也，辞义懔然。

六四：入于左腹，获明夷之心，于出门庭。

《象》曰："入于左腹"，获心意也。

已居坤体，入暗地矣。柔而得正，稍远于上，故犹可获明夷之心而出门庭。如微子抱祭器以行遁，但出门庭，逊于荒野，非归周也。

六五：箕子之明夷，利贞。

《象》曰：箕子之贞，明不可息也。

迫近暗君，身已辱矣。外柔内刚，居得其中。用晦而明，明照万古。《洪范》"九畴"之灯，谁能息之？

上六：不明晦，初登于天，后入于地。

《象》曰："初登于天"，照四国也。"后入于地"，失则也。

以阴居阴，处夷之极，初称天子，后成独夫者也。盖下五爻皆明而示晦，故能用晦而明；此则不明而晦，故失则而终入地耳。

家人 离下巽上

家人：利女贞。

欲救天下之伤，莫若反求于家庭；欲正家庭之化，莫若致严于女贞。"牝鸡之晨，维家之索"，不可以不诫也。

佛法释者：观行被魔事所扰，当念唯心。唯心为佛法之家，仍须以定资慧，以福助智，以修显性，名利女贞。

《彖》曰：家人，女正位乎内，男正位乎外。男女正，天地之大义也。家人有严君焉，父母之谓也。父父子子，兄兄弟弟，夫夫妇妇，而家道正。正家，而天下定矣！

佛法释者：禅定持心，则内冥法体；智慧了境，则外施化用。修德之定慧平正，本乎性德之寂照不二也。在因名男女，在果名父母，既证果德，十界归仰，故名严君。性修不滥，名父父子子；真俗并照，名兄兄弟弟；福慧互资，名夫夫妇妇。一世界清净故，十方世界皆悉清净，名正家而天下定也。

《象》曰：风自火出，家人。君子以言有物而行有恒。

火因风鼓，而今风自火出，犹家以德化，而今德从家播也。有物则非无实之言，有恒则非设饰之行，所以能"刑于寡妻，至于兄弟，以御于家邦"耳。佛法亦然。律仪清净，则可以摄善摄生矣！

初九：闲有家，悔亡。

《象》曰："闲有家"，志未变也。

以刚正居有家之初，即言有物，行有恒以闲之，则可保其终不变矣。

佛法释者：即是增上戒学。

六二：无攸遂，在中馈，贞吉。

《象》曰：六二之吉，顺以巽也。

阴柔中正，而为内卦之主。故每事不敢自专自遂，唯供其中馈之职而已。

佛法释者：即是增上定学。

九三：家人嗃嗃，悔厉，吉。妇子嘻嘻，终吝。

《象》曰："家人嗃嗃"，未失也；"妇子嘻嘻"，失家节也。

过刚不中，似失于严厉者。然以治家正道观之，则未失而仍吉。倘畏其悔厉，而从事于嘻嘻，始似相安，终以失家节而取吝矣！

佛法释者：即是增上慧学。

六四：富家，大吉。

《象》曰："富家，大吉"，顺在位也。

阴柔得正，为巽之主，所谓生财有大道者也。

佛法释者：即缘因善心发，富有万德，名为解脱。

九五：王假有家，勿恤，吉。

《象》曰："王假有家"，交相爱也。

假，大也。《书》云"不自满假"，《诗》云"假以溢我"，又曰"假哉皇考"，皆取"大"义。九五阳刚中正，而居天位，以六合为一家者也。大道为公，何忧恤哉！乐民之乐者，民亦乐其乐，故交相爱。

佛法释者：正因理心发，性修交彻，显法身德。

上九：有孚威如，终吉。

《象》曰："威如"之吉，反身之谓也。

刚而不过，居巽之上，卦之终，其德可信，故不猛而威如。所谓"其仪不忒，正是四国"者也。

佛法释者：了因慧心发，称理尊重，名般若德。

睽 ䷥ 兑下离上

睽：小事吉。

夫善修身以齐家者，则六合可为一家。苟齐之不得其道，则一家之中睽隔生焉。如火与泽，同在天地之间，而上下情异。又如二女，同一父母所生，而志不同行，是岂可以成大事乎？姑任其火作火用，泽作泽用，中女适张、小女适李可耳。

观心者亦复如是：出世禅定，世间禅定，一上一下，所趣各自不同，圆融之解未开，仅可取小证也。

《彖》曰：睽，火动而上，泽动而下。二女同居，其志不同行。说而丽乎明，柔进而上行，得中而应乎刚，是以"小事吉"。天地睽，而其事同也；男女睽，而其志通也；万物睽，而其事类也。睽之时用大矣哉！

火泽因动，则上下势睽，静则未始上下也。二女因行，则其志不同，居则未始不同也，故曰"吉凶悔吝生乎动"。虽然，世岂能有静而无动，有居而无行哉？今此卦以兑说而附丽乎离明，六五又以柔为离主，进而上行，且得中位，下应九二之刚，是以小事可获吉也。此亦文王曲就人情，被睽所局而言之耳。若充此睽之理性，以尽睽之时用，则天地睽而其事同，男女睽而其志通，万物睽而其事类，有何一法不摄于睽？有何一法不从睽出哉？盖于同起睽，则其吉小；于睽得同，则其用大也。

佛法释者：寂照一体，名天地睽，而其事同。止观双行，名男女睽，而志通。万行不出正助二行，二行不离性具，如万物不出阴阳二爻，二爻不高太极，名万物睽，而其事类。

《象》曰：上火下泽，睽。君子以同而异。

离得坤之中爻，泽得坤之上爻，其性同也。火则炎上，泽则润下，其相异也。观相元妄，则相异而性亦似异矣；观性元真，则性同而相亦本同矣。惟君子知其以同而异，故不以异而昧同也。知异本同，故六而常即，不生退屈；知同而异，故即而常六，不生上慢。知异本同，故冥契真源；知同而异，故云兴万行。知异本同，故上无佛道可成，下无众生可度；知同而异，故恒庄严净土，教化诸众生。知异本同，故生死及涅槃，二俱不可得；知同而异，故或游戏生死，或示现涅槃。

初九：悔亡，丧马勿逐，自复。见恶人，无咎。
《象》曰："见恶人"，以辟咎也。

刚正无应，居睽之初，信此以往，则无过而悔亡矣。纵令丧马，不必逐之，马当自复，劝其勿以得失乱吾神也。纵遇恶人，不妨见之，可以无咎，劝其勿以善恶二吾心也。如孔子见季康子、见南子、见阳货等，皆所以辟咎耳，岂真有所利之也哉？盖凡得失之念稍重，善恶之心太明，则同者必异，异者必不可同，惟率其刚正之天德，则得失泯、善恶融，虽居睽世而悔亡矣。

九二：遇主于巷，无咎。
《象》曰："遇主于巷"，未失道也。

刚而得中，上应六五柔中之主。而当此睽时，近与六三相邻，五必疑其遇三而舍己也，故须委曲明其心事，如遇主于巷焉。夫君臣相遇，万古常道，岂以于巷而谓之失哉？

六三：见舆曳，其牛掣，其人天且劓，无初有终。

《象》曰："见舆曳"，位不当也。"无初有终"，遇刚也。

本与上九为应，而当睽之时，不中不正，陷于九二、九四两阳之间，其迹有可疑者。夫二自遇主于巷，四亦自遇元夫，何尝有意污我？我无中正之德，而自疑焉，故妄见其舆若曳，其牛若掣，而不敢往从上九。且自谓我之为人，必当被上九之天所劓，不得通其贞洁之情，如此，则无初矣。但睽极必合，心迹终必自明。赖遇上九之刚，后说弧以待之，故有终也。

九四：睽孤。遇元夫，交孚，厉，无咎。

《象》曰："交孚""无咎"，志行也。

睽必有应，乃可相济。二与五应，三与上应，四独无应者也，故名睽孤。然初九刚正在下，可以济睽。当此之时，同德相信，互相砥砺，可以行其济睽之志而无咎矣。盖君子深知以同而异。故阴与阳异而相应亦可，阳与阳同而相孚亦可耳。

六五：悔亡。厥宗噬肤。往何咎？

《象》曰："厥宗噬肤"，往有庆也。

六五乃九二之主也，阴柔不正，反疑二之遇于三焉。以其居中，则猜忌未深，终与二合，故得悔亡。圣人又恐其踌躇未决也，故明目张胆而告之曰：厥宗上九，已说弧以待六三，其相合如噬肤矣。尔往从九二于巷，有何咎哉？孔子更为之鼓舞曰：不惟无咎，且君臣相合，睽终得济而有庆也。

上九：睽孤。见豕负涂，载鬼一车，先张之弧，后说之弧。匪寇婚媾。往遇雨则吉。

《象》曰："遇雨"之吉，群疑亡也。

上九与六三相应，本非孤也。睽而未合，则有似乎孤矣。三本不与二、四相染，而其迹似污，故见豕负涂也。二、四各自有遇，本无心于染三，而虚妄生疑，故载鬼一车也。先则甚疑，故张弧而欲射之，后疑稍缓，故说弧而往视之。逮见其果非与寇结为婚媾，于是释然如云既雨而吉矣。既不疑三，亦不疑二与四，故群疑亡。

统论六爻，惟初九刚正最善济睽，余皆不得其正，故必相合乃有济也。

佛法释者：惟根本正慧，能达以同而异，故即异而恒同。否则必待定慧相资，止观双运，乃能舍异生性入同生性耳。

蹇 ䷦ 艮下坎上

蹇：利西南，不利东北。利见大人。贞吉。

大凡乖异不合，则所行必多阻难。然正当阻难时，岂无拯难良策哉？往西南，则说也，顺也，明也，拯难之要道也；往东北，则止也，险也，益其蹇而已矣。惟大人能济蹇，惟正道能出蹇。蹇，故可以"动心忍性，增益其所不能"而吉。

《彖》曰：蹇，难也，险在前也。见险而能止，知矣哉！"蹇，利西南"，往得中也。"不利东北"，其道穷也。"利见大人"，往有功也。当位"贞吉"，以正邦也。蹇之时用大矣哉！

愚者汩于情欲之私，虽有不测之险临其前，盲无见也，况能止哉！能止，不惟不陷于险，从此必求出险之良策矣，安得非智？本以东北之坎艮，往就西南之离兑与坤，故刚柔相济而得其中。若守此东北，则终于险，终于止而已矣。惟九五阳刚中正，当大人之位，以拯邦国之蹇，故往见之者，必有拯蹇之功。然爻中独上六明利见大人，余不言者，见大人亦待其时，时止则止，时行则行。蹇之时用，即全体大易之时用也。六十四卦皆尔，每于人所忽者，一提醒之云尔。

《象》曰：山上有水，蹇。君子以反身修德。

山本毓泉，宜涵而不宜泛。今水流于上，使人不能厝足，此乃山有缺陷，非水之过也。君子知一切险难境界，惟吾心自造自现，故不敢怨天尤人，但反身以修其德。如治山者，培其缺陷，则水归涧壑，而不复横流矣。

初六：往蹇，来誉。

《象》曰："往蹇，来誉"，宜待也。

蹇以见险能止为知，故诸爻皆诫其往而许其来。来，即反身修德之谓也。初六见险即止，知机而不犯难，其反身修德功夫最早，故可得誉。夫岂逡巡畏缩也哉？理宜修德以待时耳。

六二：王臣蹇蹇，匪躬之故。

《象》曰："王臣蹇蹇"，终无尤也。

阴柔中正，反躬无怍。而上应九五阳刚中正之君，方居险地，安得不蹇其蹇以相从事？然诸爻皆以能止为知，而此独不然者，正所谓事君能致其身，公尔忘私。故虽似冒险，终无尤也。《易读》曰："匪躬正本反身来。平日能反身以体蹇，才能临时匪躬以济蹇。"

九三：往蹇，来反。

《象》曰："往蹇，来反"，内喜之也。

九三为艮之主，刚而得正，见险能止者也。既知往则必蹇，故来而反身修德，则内二爻无不喜之。

六四：往蹇，来连。

《象》曰："往蹇，来连"，当位实也。

已入坎体，其蹇甚矣。然设能来而反身修德，则犹可连于艮之三爻而获止也。阴本不实，故来连于当位而实之九三也。

九五：大蹇，朋来。

《象》曰："大蹇，朋来"，以中节也。

居坎之中，蹇之大者也。刚健中正，六二应之，故得朋来共济大蹇。然非朋之能来助我，实由我之中道足为拯蹇节则，故上下诸爻皆取节则于我耳。释迦出五浊世，得无上菩提，为一切众生说难信法，其真能为甚难希有之事者乎！

上六：往蹇，来硕，吉。利见大人。

《象》曰："往蹇，来硕"，志在内也。"利见大人"，以从贵也。

阴柔居险极，岂可更有所往？亦惟来而反身修德则硕吉耳。硕者，实也，大也。吉之所以能实大者，以利见九五大人故也。君子求诸己，故志在内则吉。辅世长民莫如德，故利见为从贵。此指天爵为贵，非徒以人爵也。须跋陀罗最后见佛得度，其硕吉之谓乎！

解 ䷧ 坎下震上

解：利西南。无所往，其来复吉。有攸往，夙吉。

世间之局，未有久蹇窒而不释散者。方其欲解，则贵刚柔相济，故利西南。及其既解，则大局已定，更何所往，唯来复于常道而已。设有所往，皆当审之于早；不审辄往，凶且随之，宁得吉乎？此如良将用兵，只期归顺；良医用药，只期病除；观心修证，只期复性。别无一法可取著也。

《彖》曰：解，险以动。动而免乎险，解。"解，利西南"，往得众也。"其来复吉"，乃得中也。"有攸往，夙吉"，往有功也。天地解而雷雨作，雷雨作而百果草木皆甲坼①。解之时大矣哉！

险在前，则宜止。险在下，则可动以免之。此皆时节因缘之道，不可得而强也。西南为坤，故往则得众。来复东北，不过于柔，故乃得其中。早鉴事机，故往可有功。如天地之雷雨作，亦因夙得其时，故百果草木皆甲坼②耳。

观心释者：兼修禅定，为利西南；万行显发，为往得众；不舍正观，名为来复；证于法身，为乃得中。有攸往而利生，必须夙能鉴机则吉。说法不虚，为往有功；性修融合，为天地解。悲

①②"坼"，原作"拆"。

体戒雷震，澍甘露法雨，则世、出世果，三草二木，各得以时生长熟脱。非佛菩萨何能用此解之时哉！

《象》曰：雷雨作，解。君子以赦过宥罪。

误犯之过，则直赦之，令其自新；轻重诸罪，亦宽宥之，令得末减。

佛法释者：即作法、取相、无生三种忏法，令人决疑出罪。又观心释者：即是端坐念实相，销灭众罪也。

初六：无咎。

《象》曰：刚柔之际，义无咎也。

解则阴阳和矣，而以六居初，上应九四，适当其际，故义无咎。

九二：田获三狐，得黄矢，贞吉。

《象》曰：九二"贞吉"，得中道也。

以刚中而上应六五，本自无可狐疑。六三不中不正，意欲乘我，象如三狐，我田猎而获除之，得与六五柔中相合，此正而吉者也。黄为中色，矢喻直道，得其中直之道，故除疑而应乎贞矣。

六三：负且乘，致寇至，贞吝。

《象》曰："负且乘"，亦可丑也。自我致戎，又谁咎也？

阴柔不中不正，自无应与。上思负四，下欲乘二，不知其非道也。是故二以为狐而田之，四以为拇而解之，五以为小人而退之，上以为隼而射之，不亦至可羞乎？

九四：解而拇，朋至斯孚。

《象》曰："解而拇"，未当位也。

三在四下，欲负于四，故四以三为拇。四未当位，不如九二刚中，故二自能田获三狐以从五。四必待二之至，始信拇之宜解也。二与四皆阳类，故名为朋。

六五：君子维有解，吉。有孚于小人。

《象》曰："君子有解"，"小人"退也。

五与二为正应，而三且思乘二，则五不能无疑于二矣。赖九二之君子，刚而得中，决能解去六三，上从于我而吉。但观六三之退，则信九二之有解矣。

上六：公用射隼于高墉之上，获之，无不利。

《象》曰："公用射隼"，以解悖也。

隼高飞而善挚，以喻负且乘之六三也。当解之时，人人乐为君子，独六三悖理飞挚。二虽田之，四虽解之，以皆各有正应，不同上六之在局外。又阳与阴情必相得，故或以为狐，或以为拇，不如上六之绝无情系。直以为隼，且居卦终，则公侯之位也。柔而得正，则藏器于身，待时而动者也，故获之而无不利。

观心释六爻者：六三即所治之惑，余五爻皆能治之法也。初以有慧之定，上应九四有定之慧，惑不能累，故无咎；九二以中道慧，上应六五中道之定，而六三以世间小定小慧，乘其未证，窃思乱之，故必犹退狐疑，乃得中直正道；六三依于世禅，资于世智，起慢起见，妄拟佛祖，故为正道之所对治；九四有定之慧，固能治惑，以被六三见慢所负，且未达中道，故必待九二中道之慧，始能解此体内之惑；六五以中道定，下应九二中道之慧，慧能断惑，则定乃契理矣；上六以出世正定，对治世禅世智、邪慢邪见，故无不利。

损 ䷨ 兑下艮上

损：有孚，元吉，无咎，可贞，利有攸往。曷之用？二簋可用享。

难既解矣，相安于无事，必将剥民以奉君，此世道之损也；惑既治矣，从此增道损生，此观心言损也。且以世道言之：凡为上者，必其劳而不怨，欲而不贪，真足以取信于民，则虽损之而元吉无咎；凡为下者，必以可贞之事益上，勿贡谀，勿献异，勿开劳民伤财种种弊端，则利有攸往。盖下事上，犹人事天地、鬼神、祖宗也。享以其诚，不以其物，虽二簋便可用享，岂以多物为敬哉！

观心者：信佛界即九界，故元吉无咎。知九界即佛界，故不动九界而利往佛界，不坏二谛而享于中道也。

《彖》曰：损：损下益上，其道上行。损而"有孚，元吉，无咎，可贞，利有攸往"。"曷之用？二簋可用享"。二簋应有时，损刚益柔有时。损益盈虚，与时偕行。

下济为益，上行为损，此圣贤观于天下万世不易之道而立此名也。上必有孚，乃可损下而元吉无咎；下必可贞，乃利有攸往以益上。虽二簋亦可用享。盖不过各论其时，但贵与时偕行而已。

《象》曰：山下有泽，损。君子以惩忿窒欲。

山下有泽，则山必日损。君子以为吾心之当损者莫若忿欲，故惩忿则如摧山，窒欲则如填壑，俾复于平地而后已也。

初九：已事遄往，无咎。酌损之。

《象》曰："已事遄往"，尚合志也。

初与四为正应，宜损我以益四者也。四方阴柔有疾，故宜已我之事，而速往益之，则得无咎。然以刚益柔，但使斟酌得中可耳，勿令过也。以刚正而应柔正，故往则合志。

九二：利贞，征凶。弗损，益之。

《象》曰：九二"利贞"，中以为志也。

九二刚中而不过刚，六五柔中而不过柔，各守其贞可矣，又何须更往益之，以成过犹不及之凶哉？弗损而益，其益乃大，故五有或益以十朋之龟者。

六三：三人行则损一人，一人行则得其友。

《象》曰："一人行"，三则疑也。

六三与下二爻，皆损下以益上者也。初、二仍阳，三独变而为阴，三人行损一人矣。今以一阴上行而益上九，在我固为国尔亡家。而上九阳刚，反能以弗损之益益我，不亦得其友乎？所以凡事宜专一也。

六四：损其疾，使遄有喜，无咎。

《象》曰："损其疾"，亦可喜也。

阴柔不中，疾也。初九已遄来益我，我但资初九以自损其疾，则初有喜而我无咎矣。遄，指初九。

六五：或益之十朋之龟，弗克违，元吉。

《象》曰：六五"元吉"，自上佑也。

柔中虚已以应九二，九二守贞，弗以有形之物益之，故能使天下归心，罔不来益以重宝也。盖人君能虚心用贤，则合于上天，而自上佑之矣。

上九：弗损，益之，无咎，贞吉。利有攸往，得臣无家。

《象》曰："弗损，益之"，大得志也。

上九受六三之益极矣，苟不有以报之？三虽无怨，人必不服，安能无咎？安能贞吉？安能利有攸往？然欲益三，正不必损我也。盖三之为臣，固所谓国尔亡家者，但深鉴其一人独行之诚，则大得其志。而三以为得友矣，是谓弗损益之。

益 ䷩ 震下巽上

益：利有攸往，利涉大川。

损而有孚，则与时偕行，可以致益，此世间盈虚消息之理也。增道损生，则日进于自利利他之域，此观心成益也。攸往以处常，涉川以处变。苟得其益之道，则无不利矣。

《彖》曰：益，损上益下，民说无疆。自上下下，其道大光。"利有攸往"，中正有庆。"利涉大川"，木道乃行。益动而巽，日进无疆。天施地生，其益无方。凡益之道，与时偕行。

中正，指九五、六二言之。震巽皆属木，故其道可涉川。天施，故坤得其初爻而为震；地生，故乾得其初爻而为巽。然不止于震巽而已，举凡坎离艮兑等，无非天施地生之益，故其益无方，而与时偕行也。益即全体乾坤，全体太极，全体易道，其余六十三卦无不皆然。圣人姑举一隅，令人自得之耳。

佛法释者：损佛界之上，以益九界之下。损己利人，故民说无疆；本高迹下，故自上下下，而其道大光。天行圣行，名为中正。梵行起于婴、病二行，名为木道乃行。放光现瑞以动之，四辩说法以巽之。开圆解以显性德，名为天施；立圆行以成修德，名为地生。种而熟，熟而脱，番番四悉，名为与时偕行。

《象》曰：风雷，益。君子以见善则迁，有过则改。

风以鼓之，迁善之速也；雷以动之，改过之勇也。

陆庸成曰：风之入也最微，故片善不遗，纤过必剔；雷之发也最迅，故迁无留念，改无停机。

初九：利用为大作。元吉，无咎。

《象》曰："元吉，无咎"，下不厚事也。

居益之初，受上益最厚者也。以下位受此厚益，可安然无所事乎？然刚正而为震主，必能大作以致元吉，则无咎矣。

苏眉山曰：益之初九，损之上九，皆正受益者也。彼自损而专益我，将以厚责我也，我必有以塞之，故损上九利有攸往，益初九利用大作。然上之有为也其势易，有功则其利倍，有罪则其责薄。下之有为也其势难，有功则利归于上，有罪则先受其责，故元吉而后无咎，以所居者非厚事之地也。

六二：或益之十朋之龟，弗克违，永贞吉。王用享于帝，吉。

《象》曰："或益之"，自外来也。

阴柔中正，以受九五阳刚中正之益，惠我以心，而不惠我以物，故能使天下归心，罔不来益我以重宝也。为臣则永贞吉，不可因天佑人助而异其心；为王则用享于帝，吉，自新新民而其命维新。《象》曰自外来者，明其非心所期，以本无计功谋利之私故也。

六三：益之，用凶事，无咎。有孚中行，告公用圭。

《象》曰：益"用凶事"，固有之也。

不中不正，居下之上，而受上九之击。其击我也，正所以益我也。知凶事之真能益我，则无咎矣。位虽不中，而有孚则为中行，可以告公用圭，公指上九，圭以通信。信通则圭仍还公，不取公之物益我，但取公之击以益我耳。恒人每以凶事为非益，故圣人特明凶事之益固有之。能信凶之为益，则不凶矣。

六四：中行，告公从，利用为依迁国。

《象》曰："告公从"，以益志也。

六四与上二爻，皆损上以益下者也。五、上仍阳，四独变而为阴，是直以身殉民，岂非迁国之象？岂非中行之道乎？初爻即受我益，刚而得正，有大公之心，方将利用大作以报我，我即以之为依可矣。由其志在益民，故民皆以公心从之。

九五：有孚惠心，勿问元吉。有孚惠我德。

《象》曰："有孚惠心"，勿问之矣。"惠我德"，大得志也。

阳刚中正，应于六二，真实以益下为心者也。惠之以心，则惠而不费，天下咸被其泽，其元吉何必问哉？故能感六二永贞之吉，大得其志，而还报我以好德也。

上九：莫益之，或击之，立心勿恒，凶。

《象》曰："莫益之"，偏辞也。"或击之"，自外来也。

上九本宜损己以益六三者也，因六三不中不正，故不与其益而反击之。三固得其凶事钳锤之益，然在上九，岂可恒以此立心哉！以此立心，则举凡在下者，皆亦莫益于我，而或击于我矣。故诚以立心勿恒，恒则必凶。上九不中不正，不仁，而在高位，但思益我，不料击我。思益而不得益，故曰偏辞；不料击而得击，故曰自外来也。

卷　六

下经之二

夬 ䷪ 乾下兑上

夬：扬于王庭，孚号有厉。告自邑，不利即戎。利有
攸往。

约世道：则民说无疆，坐享丰乐，而所行必决。约佛法：则
损己利他，化功归己，决当进断余惑，证极果也。夫世间岂容有
阳而无阴，有男而无女，有君子而无小人？然阴居阳上，女占男
先，小人据于君子之上，则必将共决去之，必将至王庭以扬之，必
将相约相信而声明其罪以号之，凡此皆有厉之道也。吾谓宜反身
修德而告自邑，不宜以力争而即戎，但使以德往化，则无不利矣。

佛法释者：体惑法界，即惑成智，名告自邑；敌对相除，名
为即戎。

《彖》曰：夬，决也，刚决柔也。健而说，决而和。
"扬于王庭"，柔乘五刚也。"孚号有厉"，其危乃光也。"告

162

自邑，不利即戎"，所尚乃穷也。"利有攸往"，刚长乃终也。

健而说，决而和，正明应以德化，不应以力争也。知危则光，尚力则穷。利有攸往，则以德化小人。小人皆为君子，而刚长乃终也。

《象》曰：泽上于天，夬。君子以施禄及下，居德则忌。

禄宜施，德宜居。禄不施则恩枯，德不居则本丧。又以此施禄，则及下而可以化人；以此居德，则自满而为人所忌。

初九：壮于前趾，往不胜为咎。

《象》曰：不胜而往，咎也。

重刚不中，不宜进，而壮于进步，徒自折耳，何能胜哉？

九二：惕号，莫夜有戎，勿恤。

《象》曰："有戎，勿恤"，得中道也。

刚而得中，知惧知警。居德既周，则有戎可无患矣。

九三：壮于頄，有凶。君子夬夬，独行遇雨，若濡有愠，无咎。

《象》曰："君子夬夬"，终无咎也。

过刚不中，怒且悻悻然现于其面。太刚必折，有凶道也。君子于此，何不自夬其夬？舍上下四阳，而独行其与上六应之正理，则以德相化，阴阳相和，庶遇雨而若濡。虽彼群阳不知我心，不谅我迹，或有愠者，然化小人之道必应如此，终无咎也。言夬夬者，群阳以决去小人为夬，今吾以决不同彼群阳为夬夬也。

九四：臀无肤，其行次且，牵羊悔亡，闻言不信。

《象》曰："其行次且"，位不当也。"闻言不信"，聪不明也。

九四以下爻为臀，下爻纯刚无柔，如有骨无肤。臀既无肤，行必次且不前。若让彼羊在前，而随其后，则羊仍属我所牵，便可悔亡。但以刚不中正，闻此善言，决不相信也。羊，指上六，为兑之主，四宜牵之，不宜决之，亦不宜与之争前后也。

九五：苋陆夬夬，中行无咎。

《象》曰："中行无咎"，中未光也。

上六柔脆如苋，而在五刚之上，如苋在陆，人人得践踏之。嗟嗟！彼独非坤德乎？彼独非太极全体所成，还具太极全体者乎？是宜夬彼群阳所夬而护养之，乃为中行之道，可无咎耳。然在夬时，终不免以君子小人二其心，未肯忘于大同，故曰中未光也。圣人于复，则谆谆以保护微阳；于夬，则谆谆以保护残阴。阴阳岂可偏废哉！

上六：无号，终有凶。

《象》曰："无号"之凶，终不可长也。

下之五爻，圣人所以劝诫群阳者至矣。以六居上，虽得其正，而阴柔才弱，不能惕号以自周备，故终不可长。不若反乎下以为姤耳。

姤 ䷫ 巽下乾上

姤：女壮，勿用取女。

约世道：则决之于意中者，必将遇之于意外。约佛法：则决断余惑而上同诸佛者，必巧用性恶而下遇众生。又约究竟：则夬是无间道，姤是解脱道。约初心：则夬是乾慧，姤是理水也。以无号之一阴，忽反于下而得其所安，势必渐壮，故九二宜包而有之，不宜使宾取之。

佛法释者：在佛为性恶法门，在众生不了，则为修恶。九二行菩萨道，自可示同修恶，不令余人作恶；又解脱道，一得永得，名女壮。无所取著，名勿用取女，理水亦尔。

《象》曰：姤，遇也，柔遇刚也。"勿用取女"，不可与长也。天地相遇，品物咸章也。刚遇中正，天下大行也。姤之时义大矣哉！

不曰刚遇柔，而曰柔遇刚者，柔为政也。

佛法释者：刚是性德，柔是修德，以修显性，名柔遇刚；刚是妙观，柔是妙止，从止起观，名柔遇刚；刚是智慧，柔是禅定，因定发慧，名柔遇刚。修本无加于性，止亦不可偏胜，定亦不可偏多，故曰不可与长也。天地相遇，天得地之初爻而为巽。挠万物者莫疾乎风，齐乎巽，而万物洁齐，故曰品物咸章也。九二之刚，下遇初六，上遇九五之中正。在世法中，则为大臣得君以抚民；在佛法中，则为智慧称性以成福，故曰天下大行也。

《象》曰：天下有风，姤。后以施命诰四方。

剥乎上者反乎下，名之曰复。性德也，观慧也，不可即致用也，故如雷在地中而后不省方。夬乎上者反乎下，名之曰姤。修德也，止定也，即可以取效也。故如天下有风而后施诰命，复以见天地之心，姤以见时义之大。复即乾知大始，姤即坤作成物；复即金声，姤即玉振；复即智巧，姤即圣力。而腐儒以抑阴戒小人释之，不亦陋乎！

初六：系于金柅，贞吉。有攸往，见凶，羸豕孚蹢躅。

《象》曰："系于金柅"，柔道牵也。

无君子莫治野人，无野人莫养君子，此世法之必应互相系属者也。无性不能起修，无修不能显性，非智不禅，非禅不智，此佛法之必应互相系属者也。一阴始生于下，得九二金柅以系之，此贞吉之道也。不系则有攸往，往则见凶，如羸豕必能蹢躅，由不早为调御故耳。柔道宜与刚德相牵，则互相与有成矣。

九二：包有鱼，无咎，不利宾。

《象》曰："包有鱼"，义不及宾也。

修显性，则性有修；定发慧，则慧有定。性修交成，定慧平等，无咎之道也。但可内自证知，岂可举似他人？世法亦尔，吾民吾子，岂可令他人分治哉！

九三：臀无肤，其行次且，厉，无大咎。

《象》曰："其行次且"，行未牵也。

二近于初，故包有鱼。三远于初，故臀无肤，无肤则行必次且矣。然虽厉而无大咎者，以与初六同居巽体，但行未与柔道相牵合耳。

九四：包无鱼，起凶。

《象》曰：“无鱼”之凶，远民也。

刚不中正，执性而废修，恃慧而弃定，犹世宰辅，居上而远民也。方其高谈理性，正逞狂慧，不知其为凶，临命终时，地狱相现，则悔无所及，犹包中无鱼，起水而后知之。

九五：以杞包瓜，含章，有陨自天。

《象》曰：九五“含章”，中正也。“有陨自天”，志不舍命也。

枸杞枝软而长，以此包瓜，则其蔓交系而不可解，此九二与初六相遇之象也。九五为姤之主，乃高居于上，远不相及，但以刚健中正，则性德久熏成种，将欲发焕，故名含章。由其志不舍命，不肯自暴自弃，故初六虽不相遇，必有自天陨坠以遇我者矣。发得本有，名为自天；无心契合，名为有陨。又九二如大臣，能有初六之民，与民固结；九五如圣君，能用九二之贤臣，故名含章。既有九二，则并九二所遇初六之民而有之矣。民与之，即天与之，故云有陨自天。

上九：姤其角，吝，无咎。

《象》曰：“姤其角”，上穷吝也。

居姤之终，不与柔遇，名姤其角。此如二乘偏真空慧，但免无鱼之凶，不无焦芽败种之吝也。

萃 ䷬ 坤下兑上

萃：亨，王假有庙，利见大人，亨，利贞。用大牲吉，
利有攸往。

相遇则相聚，世、出世之常也。聚，安有不亨者哉！幽明之
情萃，故有庙可假；上下之情萃，故大人可见。用大牲以假有庙，
利攸往以见大人。皆顺乎时义之所当然，所谓贞也。

《彖》曰：萃，聚也。顺以说，刚中而应，故聚也。
"王假有庙"，致孝享也。"利见大人，亨"，聚以正也。"用
大牲吉，利有攸往"，顺天命也。观其所聚，而天地万物
之情可见矣！

同一致孝享耳，有时云二簋可用，有时云樽酒簋贰，今则云
用大牲吉。同一见大人耳，有时云不利涉川，有时云往蹇来硕，今
则云利有攸往。夫岂有私意于其间哉？宜俭则俭，宜丰则丰，可
往则往，可来则来，皆所以顺天命而观物情耳。

《象》曰：泽上于地，萃。君子以除戎器，戒不虞。

杨慈湖曰：泽所以能潴水而高上于地者，以有坊也。民所
以得安居而聚者，不可无武备也。除治戎器，戒备不虞，皆大
易之道也。

蕅益子曰：约佛法，则毗尼内禁；约观心，则密咒治习。

初六：有孚不终，乃乱乃萃。若号，一握为笑。勿恤，往无咎。

《象》曰："乃乱乃萃"，其志乱也。

当萃之时，未有不志于萃者也。二阳为受萃之主，而四阴萃之。初与四为正应，本可信也，不中不正，故不能终其信，而乃乱乃萃焉。乃乱故若号，乃萃故一握为笑，言其号笑夹杂而为一握也。然既是正应，何所疑恤？不若往从为无咎耳。志乱故号笑夹杂，明相应之理未尝乱也。

六二：引吉，无咎。孚乃利用禴。

《象》曰："引吉，无咎"，中未变也。

柔顺中正，上应九五阳刚中正之君，本无可疑者也。乃初六与六三皆往萃于九四，我居二者之间，设不自引而出，何以取信于九五乎？苟引出而得其信，则不必用大牲，而用禴亦利矣。舍二阴而独从所应，故如用禴，其物甚薄，但由二有中德，故不变所守以随两阴耳。

六三：萃如嗟如，无攸利，往无咎，小吝。

《象》曰："往无咎"，上巽也。

上无应与，志欲萃而无从，故嗟如而无所利。然当萃之时，往从九四，亦可无咎，但非正应，故得小吝，而九四则巽以受之矣。

九四：大吉，无咎。

《象》曰："大吉，无咎"，位不当也。

当萃之时，初六应之，六三归之，不几以臣拟君乎？故必大吉乃得无咎。如伊尹、周公之终尽臣道可也。

九五：萃有位，无咎，匪孚。元永贞，悔亡。

《象》曰："萃有位"，志未光也。

阳刚中正，以天位而受萃者也。然惟二实应之，上实附之，而初与三已萃于九四矣，仅可无咎。若能忘吾位以任九四，听彼二阴之匪孚我，而元萃于四者永贞弗改，则九四既为吾臣，二阴何一非吾民也？故得悔亡。设但恃其位以为萃，则志未光矣。

上六：赍咨涕洟，无咎。

《象》曰："赍咨涕洟"，未安上也。

以阴居阴，而在上位，心不自安。故赍咨涕洟，以附悦于九五，得无咎也。

升 ䷭ 巽下坤上

升：元亨，用见大人，勿恤。南征吉。

气聚而上升，如木之升于地，元亨可知也。巽顺非果于有为者，故劝以用见大人、勿恤。万物齐乎巽，而相见乎离，故南征则吉，欲其向明以行志也。

《彖》曰：柔以时升，巽而顺，刚中而应，是以大亨。"用见大人，勿恤"，有庆也。"南征吉"，志行也。

巽木本柔，故必以时而升。木之升固必藉土，土亦以生木为功。今九二刚中而应六五，盖不惟木之志，亦是土之志也。

《象》曰：地中生木，升。君子以顺德，积小以高大。

道体本无大小，而君子之积德也，顺而致之，必由小以高大。譬如合抱之木，始于微芒，但不可戕伐，亦不可助长耳。

初六：允升，大吉。

《象》曰："允升，大吉"，上合志也。

为巽之主，上与二阳合志，故信能升而大吉也。

九二：孚乃利用禴，无咎。

《象》曰：九二之孚，有喜也。

升九二之求孚于六五，以各不得其正，非如萃六二之孚于九五也。但萃之六二，以两邻同质，而不同志，故中虽未变，而须引吉。今升之九二，以两邻异质，而志相合，故不惟无咎，而且有喜。

九三：升虚邑。

《象》曰："升虚邑"，无所疑也。

以坚刚之木，上升于柔顺之土，何疑阻哉？

六四：王用亨于岐山，吉，无咎。

《象》曰："王用亨于岐山"，顺事也。

巽之升也为木，坤之升也为山，而人之升也为亨于天地山川鬼神。其事不同，其所以为顺一也。方木之升于地，人但以为木克土耳，不知木升即是地升，以离地四微，别无木四微故。如太王之去豳而邑于岐，人但以为王弃豳耳，不知邑岐即是邑豳，以非舍豳人而别抚岐人故。

六五：贞吉，升阶。

《象》曰："贞吉，升阶"，大得志也。

朝有君子，则圣王之志得，犹地有乔木，则成园苑。故地未有不以升木为志者也。九二刚中，而五应之，此明与以可升之道，犹圣王之设阶以升君子。但恐其以阴居阳，不能鉴九二之孚，故特以贞诫之，欲其贞于九二也。

上六：冥升，利于不息之贞。

《象》曰："冥升"在上，消不富也。

升至于冥，可以息矣。而有不息不贞，则宜冥而益升。此所谓天爵也。修其天爵，则匹夫不为贫贱，而不富可消矣。

困 坎下兑上

困：亨，贞，大人吉，无咎。有言不信。

升而不已必困，此盈虚消息之常也。困心衡虑，实所以致亨。然不以正道持之，不以大人处之，何能吉、无咎哉？设无躬行实德，而但有空言，决不足以取信矣。

《彖》曰：困，刚掩也。险以说，困而不失其所亨，其惟君子乎！"贞，大人吉"，以刚中也。"有言不信"，尚口乃穷也。

坎刚在下，而为兑柔所掩，刚既被掩，水漏泽枯，困之象也。处险而说，素患难行乎患难。遁世无闷，不改其乐，非君子其孰能之？九二、九五皆以刚而得中，此大人之贞吉之道也。苟不守此贞，而徒尚口，适足以取穷而已矣。

《象》曰：泽无水，困。君子以致命遂志。

水在泽下，泽中无水，枯槁穷困，此已定之命也。君子致之而已，岂容作意而不顺受？刚中故处险能说，此在我之志也。君子则心遂之，岂因颠沛而或稍违？

初六：臀困于株木，入于幽谷，三岁不觌。
《象》曰："入于幽谷"，幽不明也。

六爻皆处困者也，惟刚中大人能不失其所亨。初六居下，臀之象也。上应九四之株木，正当困时，不能相庇，而阴居险初，则如入于幽谷，三岁不能相见矣。

九二：困于酒食，朱绂方来。利用亨祀，征凶，无咎。
《象》曰："困于酒食"，中有庆也。

当困之时，能以刚中自养，故名困于酒食。九五阳刚中正之君，必将以朱绂锡我，使我同济时困。我但当默然以诚应之，如亨祀然。若遽往则必有凶，而志在救时，仍无咎也。中有庆即是贞大人吉，此如伊尹就汤。绂，蔽膝也。

六三：困于石，据于蒺藜，入于其宫，不见其妻，凶。
《象》曰："据于蒺藜"，乘刚也。"入于其宫，不见其妻"，不祥也。

阴柔不中不正，居于二阳之间。四如石，二如蒺藜，上六不与相应，故入其宫而不见其妻。由无祯祥之德，所以自取其凶。

九四：来徐徐，困于金车，吝，有终。
《象》曰："来徐徐"，志在下也。虽不当位，有与也。

夫处困而亨，非刚中者不能也。九四正在困时，犹不能忘情于初六，而来徐徐，既志在初六，岂惟不与九二合德？反困于九二之金车而吝矣！然九二刚中，必能与我同济时困，不因我不当位而遂弃我，故可有终。

九五：劓刖，困于赤绂，乃徐有说，利用祭祀。
《象》曰："劓刖"，志未得也。"乃徐有说"，以中直

也。"利用祭祀"，受福也。

九五阳刚中正，居于尊位，视天下如一身者也。上六困于葛
藟，如劓我之鼻；初六困于株木，如刖我之足。我方赖九二同行
济困，犹如赤绂。而彼方困于酒食，则是我困于赤绂也。然九二
中直，必徐应我而有悦。我当竭诚以感之，如祭祀然，庶可以受
福矣。

上六：困于葛藟，于臲卼。曰动悔有悔，征吉。

《象》曰："困于葛藟"，未当也。"动悔有悔"，吉行也。

处困之极，可以动而行矣。阴柔才弱，疑虑未当，犹牵缠而
不自安，惧其动而有悔，而每自退悔也。故圣人直以征吉决之。

井 ䷯ 巽下坎上

井：改邑不改井，无丧无得，往来井井。汔至，亦未
繘井，羸其瓶，凶。

夫井者，居其所而迁者也。知井之居所而迁，则知困之穷而
通矣，故次困而明井。邑可改，井不可改。可改则有丧有得。既
不可改，何丧何得？食水者往，未食者来，人有往来，井何往来？
下瓶将及于水曰汔至，得水收绳未尽曰未繘井。繘井则有功，未繘
羸其瓶则凶，此皆人之得丧，非井之得丧也。知井无得丧，则知
性德六而常即；知人有得丧，则知修德即而常六。故曰："井，德
之地也"。又曰："井以辩义。"

《彖》曰：巽乎水而上水，井。井养而不穷也。"改邑
不改井"，乃以刚中也。"汔至，亦未繘井"，未有功也。
"羸其瓶"，是以凶也。

水轮含地，故凿地者无不得水，喻如来藏性具一切阴界入等。
故观阴界入者无不得悟藏性，但贵以妙止观力深入而显发之。藏
性一显，自养养他，更无穷尽也。困之贞大人吉，曰以刚中；今
改邑不改井，亦曰乃以刚。困似专指修德，其实发明全修在性；
今似专指性德，其实要人全性起修。故随明未有功而羸瓶则凶，其
重修德甚矣。

《象》曰：木上有水，井。君子以劳民劝相。

夫担水惠人，则所及者寡；凿井任汲，则所润者多。担水者有作善，凿井者无作善也。君子之慰劳于民也，则劝其交相为养焉，故养而不穷矣。

初六：井泥不食，旧井无禽。

《象》曰："井泥不食"，下也。"旧井无禽"，时舍也。

井之六爻，三阴为井，三阳为泉。初居最下，故象如泥。不惟人不食之，禽亦不顾之矣。理即佛也。

九二：井谷射鲋，瓮敝漏。

《象》曰："井谷射鲋"，无与也。

在下之中，故为井谷。有泉可以射鲋，而上无应与，如瓮既敝漏，不能相汲也。鱼之至小者名鲋，盖指初六。此是名字即佛。薄有闻熏，来成法器。

九三：井渫不食，为我心恻，可用汲。王明，并受其福。

《象》曰："井渫不食"，行恻也。求"王明"，受福也。

以阳居阳，其泉洁矣。犹居下卦，不为人食，是可恻也。上六应之，故可用汲。盖王既明而用贤，则贤者之福，非止独受而已。此是观行即佛。圆伏五住故井渫，来证理水故不食。宜求诸佛加被，则可自利利他也。

六四：井甃，无咎。

《象》曰："井甃，无咎"，修井也。

甃者，以砖石包砌其傍，所以御污而洁泉者也，故曰修井。此是相似即佛。从思慧入修慧，御二边之污，而洁中道之泉。

九五：井冽，寒泉食。

《象》曰："寒泉"之食，中正也。

阳刚中正，泉之至洁而泠然者也。功及于物，故得食之。此是分证即佛。中道理水，自利利他。

上六：井收勿幕，有孚元吉。

《象》曰："元吉"在上，大成也。

以阴居上，如井之收。收，即井栏，常露之而勿幕，众皆汲之，而所养无穷矣。此是究竟即佛。功德满足，尽未来际恒润众生。

革 ䷰ 离下兑上

革：己日乃孚，元亨利贞，悔亡。

夫邑改而井不改者，言其处也。井旧，则无禽而泥，可弗革乎？学者以变化气质为先，犹火之锻金也。方其煅也，金必苦之，既煅成器，而后信火之功也。此革之道，即乾坤之道。大亨以正者也。未信故有悔，已孚则悔亡矣。

《彖》曰：革，水火相息。二女同居，其志不相得，曰革。己日乃孚，革而信之。文明以说，大亨以正，革而当，其悔乃亡。天地革而四时成，汤武革命顺乎天而应乎人。革之时大矣哉！

革而信之，明未革则人不信也。革而当，乃使人信，其悔乃亡，明不当则悔不亡也。须如天地之革时，汤武之革命，方可取信于人耳。革何容易！

《象》曰：泽中有火，革。君子以治历明时。

时无实法，依于色心分位假立。心无形像，依色表见。色有共相及不共相。共相之在上者为日月星宿，因日月星宿周行于天，据其所历之度，以明春夏秋冬之时。春则万物皆春，乃至冬则万物皆冬。故知时惟心现，无在而无所不在。犹如火性无我，亦无在而无所不在。虽泽中亦自有之。彼大海中火光常起，即其验也。

初九：巩用黄牛之革。

《象》曰："巩用黄牛"，不可以有为也。

离为能革，兑为所革，而初九居下，上无应与，此不可以有为者也。但用黄牛之革，以自巩固可耳。

六二：己日乃革之，征吉，无咎。

《象》曰："己日革之"，行有嘉也。

阴柔中正，为离之主，得革物之全能者也。革必己日乃孚，而上应九五，是其嘉配，故征吉而无咎。

九三：征凶，贞厉。革言三就，有孚。

《象》曰："革言三就"，又何之矣！

过刚不中，而应上六。上六阴柔得正，乃君子而如文豹者也，何容更以刚燥革之？征则必凶，虽得其贞，亦仍危厉，但可自革以相顺从。其言至于三就，庶亦可以取信也。

九四：悔亡，有孚改命，吉。

《象》曰："改命"之吉，信志也。

兑金之质，本待煅以成器。而九四无应于下，则无肯成我者，悔可知也。但刚而不过，又附近于离体之上，其志可信，故悔亡而有孚。可以改其所秉之定命，而日进于自利利他之域矣！

九五：大人虎变，未占有孚。

《象》曰："大人虎变"，其文炳也。

以阳刚中正之大人，又得六二阴柔中正之应以辅助之。故如虎之神变，炳乎有文，不待占而足以取信于天下也！

上六：君子豹变，小人革面。征凶，居贞吉。

《象》曰："君子豹变"，其文蔚也；"小人革面"，顺以从君也。

豹亦生而有文者也，但待时而变现耳。九三刚燥小人，既见其变，亦革言三就以相顺从。然仅革面，未始革心，君子正不必深求也。若欲令心革而往征之，未免得凶，惟居贞以默化之则吉。

鼎 ䷱ 巽下离上

鼎：元吉，亨。

革物者莫若鼎，此陶贤铸圣、烹佛炼祖之器也，安得不元吉而亨哉！

《彖》曰：鼎，象也。以木巽火，亨饪也。圣人亨以享上帝，而大亨以养圣贤。巽而耳目聪明，柔进而上行，得中而应乎刚，是以元、亨。

初阴为足，二、三、四阳为腹，五阴为耳，上阳为铉，非鼎象乎？以木巽火而亨饪，非鼎用乎？勿谓鼎之道小，圣人亨以享上帝，亦此鼎耳；即大亨以养天下圣贤，亦此鼎耳。何必离事别求理哉！

且以卦德言之：内则巽顺，外则离而耳目聪明，六五以柔为离之主。进而上行，得中位而应九二之刚，此岂非圣贤佛祖自陶、自铸、自烹、自炼之道？其元、亨也宜矣！

《象》曰：木上有火，鼎。君子以正位凝命。

鼎者，国之重宝，君位之所寄也，得其道以正其位，则命可凝。德不称位，则命去而鼎随去矣！约象明之：德如木，命如火，有木则有火，木尽则火亡。有德以正其位则命凝，德亡则命亡，故曰惟命不于常也。

初六：鼎颠趾，利出否。得妾以其子，无咎。

《象》曰："鼎颠趾"，未悖也。"利出否"，以从贵也。

初为鼎趾，应四故颠。然及其未烹物而颠之，旧积否恶从此可出矣！颠趾如得妾，出否如得子，母以子贵，因其子而知得妾之未悖，因出否而知颠趾之有功也。

九二：鼎有实，我仇有疾。不我能即，吉。

《象》曰："鼎有实"，慎所之也。"我仇有疾"，终无尤也。

二当鼎腹之下分，阳刚故为有实。上应黄耳金铉之六五，能护守之。初虽颠趾而有疾，终不害及我也。然在二，则宜慎所之矣！

九三：鼎耳革，其行塞。雉膏不食，方雨亏悔，终吉。

《象》曰："鼎耳革"，失其义也。

三当鼎腹之中分，其实腴美，有雉膏可食矣！上无应与，如鼎方革耳而不可行者焉，赖六五柔中之黄耳。贯上九刚而不过之玉铉，方将举二以及三，如阴阳之和而得雨，则可以亏悔而终吉矣！怀道而不思致用，故失其义。犹所云不仕无义，激之使及时行道也。

九四：鼎折足，覆公𫗧。其形渥，凶。

《象》曰："覆公𫗧"，信如何也！

四当鼎腹之上分，其实既满，而下应初六，则不胜其重，足云折矣！形貌能无赧汗乎？始也不自知其德薄，知小力小，妄据尊位，而谋大任重。今一旦不胜其任，此其所自信者为如何也！

六五：鼎黄耳金铉，利贞。

《象》曰："鼎黄耳"，中以为实也。

五为鼎耳，而有中德，故其色黄。以虚受实，故为金铉。铉，即指上九也。以铉贯耳，以耳举鼎，尽天下圣贤而养之，岂非圣人大亨之正道乎？然六五自本无实，特下应九二之刚中以之为实。即以此而养天下，所谓为天下得人者耳。

上九：鼎玉铉。大吉，无不利。

《象》曰："玉铉"在上，刚柔接也。

上为鼎铉。自六五观之，则如金之刚。自其刚而不过之德言之，则如玉之润矣。金遇猛火则镕，玉非火所能坏。以此举鼎，故大吉无不利也。

震 ䷲ 震下震上

震：亨。震来虩虩，笑言哑哑。震惊百里，不丧匕鬯。

主重器者莫若长子，长子未有不奋动以出者也，故震则必亨。然其亨也，必有道以致之。方其初动而来，虩虩乎，如蝇虎之周环顾虑，仍不失其和而笑言哑哑。夫惟存于己者既严且和，以此守重器而为祭主。纵遇震惊百里之大变，能不丧其匕鬯矣。

佛法释者：一念初动，即以四性四运而推简之，名为虩虩。知其无性无生，名为笑言哑哑。烦恼业境种种魔事横发，名为震惊百里。不失定慧方便，名为不丧匕鬯也。

《彖》曰：震，亨，"震来虩虩"，恐致福也。"笑言哑哑"，后有则也。"震惊百里"，惊远而惧迩也。出可以守宗庙社稷，以为祭主也。

恐惧乃能致福，福不可以幸邀，所谓生于忧患也。哑哑亦非放逸，仍不失其法则也。惟其养之有素如此，故虽当惊远惧迩之变，人皆退避，而偏能出此凝定之神以当之，可以守宗庙社稷而为祭主也。为祭主，即是不丧匕鬯注脚。

《象》曰：洊雷，震。君子以恐惧修省。

君子不忧不惧，岂俟雷洊震而后恐惧修省哉？恐惧修省，正指平日不睹不闻慎独功夫。平日功夫能使善长恶消，犹如洊雷能使阳舒阴散也。惟其恐惧修省惯于平日，故虽遇洊雷，亦复不忧不惧矣。问曰：孔子迅雷风烈必变，复云何遇？答曰：此是与天地合德，变则同变，亦非忧惧。

初九：震来虩虩，后笑言哑哑，吉。

《象》曰："震来虩虩"，恐致福也。"笑言哑哑"，后有则也。

六爻皆明恐惧修省之道，而德有优劣，位有当否，故吉凶分焉。初九刚正，为震之主。主器莫若长子，吉可知矣。

六二：震来厉，亿丧贝，跻于九陵，勿逐，七日得。

《象》曰："震来厉"，乘刚也。

六二乘初九之刚，盖严惮切磋之畏友也。藉此深自惕厉，以振刷我阴柔懦弱之习。举吾平日所谓中正纯善，多种宝贝尽丧不顾，直跻于乾健高明之九陵，勿更留意求逐。然至于七日，复其故位，则中正纯善之德仍在矣。

六三：震苏苏，震行无眚。

《象》曰；"震苏苏"，位不当也。

三远于初，初之所以惊发我者，苏苏而不切矣。三当自以震行，勿因远于畏友，而缓其恐惧修省之功，则无眚也。

九四：震遂泥。

《象》曰："震遂泥"，未光也。

九四亦震主也，以阳居阴，复陷四阴之间，虽似洊至，遂失其威而入泥。岂能如虩虩、哑哑之有光哉？

六五：震往来厉，亿无丧，有事。

《象》曰："震往来厉"，危行也。其事在中，大无丧也。

震六二者惟初九，故但云来厉。震六五者，则初九与九四也。初震既往，四震复来。五得藉此以自惕厉，令所行日进于高明，故曰危行，犹所云"邦有道，危言危行"也。以六居五，不过于柔，又得中道，故其德甚多，而毫无所丧，但有恐惧修省之事耳。

上六：震索索，视矍矍，征凶。震不于其躬，于其邻，无咎。婚媾有言。

《象》曰："震索索"，中未得也。虽凶无咎，畏邻戒也。

初九之刚，固不足以及我。九四震亦遂泥，声已索索无余威矣。而阴柔弱极，方且视矍矍而惶惑无措，以此征往，则中心无主，神已先乱，凶可知也。然震既不及其身，止及其邻，即因震邻而恐惧修省，亦可无咎。但祸未至而先防，乃明哲保身之道。倘与婚媾商之，必反以为迂而有言矣。君子可弗自勉乎？

艮䷳ 艮下艮上

艮①：艮其背，不获其身，行其庭不见其人。无咎。

夫动与止，虽是相对待法，亦是相连属法，又是无实性法，究竟是无二体法也。不动曰止，不止曰动，此约相对待言也；因动有止，因止有动，此约相连属言也；止其动则为静，止其静则为动，动其止则为动，动其动则为止，此约无实性言也。止即是动，故即寂恒感；动即是止，故即感恒寂。此约无二体言也。知动止无二体者，始可与言止矣。

夫人之一身：五官备于面，而五脏司之；五脏居于腹，而一背系之。然玄黄朱紫陈于前，则纷然情起；若陈于背，则浑然罔知。故世人皆以背为止也。然背之止也，纵令五官竟骛于情欲，而仍自寂然，逮情之动也，纵复一背原无所分别，而毕竟随往。故以面从背，则背止而面亦随止；以背从面，则面行而背亦随行。究竟面之与背，元非二体，不可两判。

今此卦上下皆艮，止而又止，是艮其背者也。艮背何以能无咎哉？是必不获其身，行其庭不见其人，斯无咎耳。身本非实，特以情欲锢之，妄见有身。今向静时观察，其中坚者属地，润者属水，暖者属火，动者属风。眼耳鼻舌异其用，四支头足异其名。三百六十骨节，八万四千毫窍，毕竟以何为身？身既了不可得，即使历涉万变，又岂有人相可得哉？故行其庭而亦不见其人，此则止不碍行，即行恒止。故无咎也。

①"艮"字，原文缺，据《周易》点校的通例，补上。

《彖》曰：艮，止也。时止则止，时行则行。动静不失其时，其道光明。艮其止，止其所也。上下敌应，不相与也。是以"不获其身，行其庭不见其人，无咎"也。

止其行而为静，止其止而为动。动静以时，无非妙止，故其道光明也。止非面墙之止，所非处所之所。特以法法本不相知，法法本不相到，犹此卦之上下敌应而不相与，是以觅身了不可得，虽行其庭，而亦了无人相可见，合于光明之道而无过也。

《象》曰：兼山，艮。君子以思不出其位。

两山并峙，各安其位者也，是故草木生之，禽兽居之，宝藏兴焉，位位无非法界故也。君子于此非不思也，知离此现前之位，别无一法可得，故思不出其位。不出位而恒思，则非枯槁寂灭；思而不出其位，则非驰逐纷纭。恒思则能尽其位之用，故一切旋乾转坤事业，无不从此法界流；出则能称其位之量，故一切位天育物功能，无不还归此法界。

初六：艮其趾，无咎，利永贞。

《象》曰："艮其趾"，未失正也。

居艮之下，其位为趾。止之于初，不令汨于所欲往，斯固未失正而无咎矣。然必利于永贞，时止则止，时行则行，乃获敦艮之吉耳。

六二：艮其腓，不拯其随，其心不快。

《象》曰："不拯其随"，未退听也。

趾也，腓也，股也，皆随心而为行止者也。然趾无力，不能自专，又正行时趾元自止。今六二其位为腓，而以阴居阴，当艮之时，力能专止而不随心动，故曰不拯其随。此非动静不失其时之

189

道，盖由未肯谦退，而听命于天君，故令其心不快。

九三：艮其限，列其夤，厉熏心。

《象》曰："艮其限"，危熏心也。

三位在限，而以刚居刚，为艮之主，则腰膂硬直，不可屈申者也。夫上下本自相联，犹如夤然。今分列而不相系属，其危厉不亦熏心矣乎？

六四：艮其身，无咎。

《象》曰："艮其身"，止诸躬也。

四位在于胸腹，《象》云艮其背，而此直云艮其身，身止则背不待言矣。夫千愆万缪皆由身起，今阴柔得正，能止诸躬，何咎之有？

杨龟山曰：爻言身象言躬者，伸为身，屈为躬。屈伸在我不在物。兼爻与象，是屈伸兼用矣。

六五：艮其辅，言有序，悔亡。

《象》曰："艮其辅"，以中正也。

五位在心，心之声由辅以宣，而以阴居阳，又复得中。能于言未出口前豫定其衡，故言无妄发。发必有序，而口过终可免矣。

上九：敦艮，吉。

《象》曰："敦艮"之吉，以厚终也。

为艮之主，居卦之终，可谓止于至善，无所不用其极者矣。性德本厚，而修德能称性复之，故曰以厚终也。震为长男，故举乾之全体大用而虩于其初；艮为少男，故举乾之全体大用而敦于其上。一始一终，知及仁守之功备，非动非静之体复矣。

渐 ䷴ 艮下巽上

渐：女归吉，利贞。

夫敦艮既非面墙，则止而不失其行之时矣。行之以巽，故名曰渐。君子将致身以有为。心如女之归夫，始终以礼而非苟合，乃得吉耳。苟不利贞，则躁进固足取辱，虽渐进亦岂能正人哉？

佛法释者：理则顿悟，乘悟并销，如震虩而艮敦；事非顿除，因次第尽，如女归而渐进。又次第禅门，名之为女；即事禅而达实相，名之为归；以圆解遍修事禅，名之为贞。

《彖》曰：渐之进也，"女归吉"也。进得位，往有功也。进以正，可以正邦也。其位，刚得中也。止而巽，动不穷也。

进有顿渐，今明以渐而进，故如女归则吉也。得位则往有功，倘进不得位，则不可往明矣；以正则可正邦，倘进不以正，则不能正邦明矣。然此卦何以为进得位？则由九五刚得中耳。何以为往有功？则由止而巽，故动不穷耳。止者，动之源。设无止体，则一动即穷，如沟浍因雨暂盈，可立待其涸也。

《象》曰：山上有木，渐。君子以居贤德善俗。

木在山上，以渐而长。观者不觉，君子居德亦复如是。山有乔木，则山益高；俗有居贤德之君子，则俗益善。

初六：鸿渐于干。小子厉，有言，无咎。

《象》曰："小子"之厉，义无咎也。

洪觉山曰：渐何以象鸿也？鸿，水鸟。木落南翔，冰泮北徂，出则有时，居则有序。

苏眉山曰：鸿，阳鸟而水居。在水则以得陆为安，在陆则以得水为乐者也。

初六阴爻，如鸿在水，上无应与，故为渐于水涯。于人则为小子。正宜乾乾惕厉，且宜有言以求人之切磋琢磨，如鸿在干，而哀鸣觅伴，乃无咎也。无应本宜有咎，以当渐初，而能自厉，则其义可无咎矣。

六二：鸿渐于磐，饮食衎衎，吉。

《象》曰："饮食衎衎"，不素饱也。

二亦在水，而应九五，则如渐于磐石，饮啄皆和乐矣。养道以待时，岂无事而食哉！

九三：鸿渐于陆，夫征不复，妇孕不育，凶。利御寇。

《象》曰："夫征不复"，离群丑也。"妇孕不育"，失其道也。"利用御寇"，顺相保也。

九三阳爻，如鸿在陆，上无应与，则无水矣。鸿不乱配，而六四亦无应与，与三相邻。设三征而从四，则为离鸿群而可丑；设四俯而就三，则为失其道，而虽孕亦不敢育，凶可知已。夫非配而私相为配，以理言之则寇也。三若守正而御之，则在我既无离群之丑，在四亦无失道之凶，乃可顺相保耳。

六四：鸿渐于木，或得其桷，无咎。

《象》曰："或得其桷"，顺以巽也。

四亦在水，而乘九三之刚，不足安身，如渐于木，非鸿之所能栖。以鸿之趾连，不能握木故也。或得其横而且大有如桷者，庶几可以无咎，意指上附九五言之。盖以阴居阴则顺，为巽之主则巽，故可冀其无咎耳。

九五：鸿渐于陵，妇三岁不孕，终莫之胜，吉。

《象》曰："终莫之胜，吉"，得所愿也。

五本在陆，而居尊位，则如高陵矣。下应六二之妇，方饮食衎衎以自养，非九三之所能污。故三岁不孕，终莫之胜而吉也。圣王得名世之臣，满其梦卜求贤本愿，不亦快乎！

上九：鸿渐于陆，其羽可用为仪，吉。

《象》曰："其羽可用为仪，吉"，不可乱也。

上亦在陆者也。但九三为木落南翔之陆，入于人中，故凶；上九为冰泮北归之陆，超于天外，故吉，所谓"鸿飞冥冥，弋者何慕"。但可远望其羽，用为高人达士之仪则耳。又凡鸿飞之时，成配者以次在后，孤而无侣者独在于前。今上九超然物外，下无应与，如世间义夫，志不可乱，故吉也。以羽为仪，则其为用也大矣，故曰圣人百世之师。

归妹☳☱ 兑下震上

归妹：征凶，无攸利。

夫渐而进者，未有不归其所者也。以少女而归长男。过以相与，亦既得其所归。然一归则当终身守之，若更他往则凶。又设以少女用事擅权，则无所利。

佛法释者：修次第禅，盖摄世间事定而归佛法正慧者也。倘直用此事定而设化仪，则必堕于爱见之网而凶。若耽著此定，则纡偏权曲径而无所利也。

《象》曰：归妹，天地之大义也。天地不交，而万物不兴。归妹，人之终始也。说以动，所归妹也。"征凶"，位不当也。"无攸利"，柔乘刚也。

如人有正配而不育，则必取少女以育子。此亦天地之大义。以例国君用名世为宰辅，不妨用小才小德为百官。观心用妙定合妙慧，不妨用次第诸禅助神通。设使天地不交，则万物不兴。故归妹者，乃人道之以终而成始者也。

夫如是，则归妹何过？独恨其以说而动，则名为继嗣，实在情欲。如国君名为群寮，实在便嬖。观心名为助道，实在味禅。故所归者名为妹也。

女舍夫而他适，臣舍君而他往，定舍慧而独行，则必得凶。以卦中阴爻之位，皆不当故。女恃爱而司晨，臣恃宠而窃柄，定久习而耽著，则无攸利。以卦中六三之柔，乘九二、初九之刚；六五、上六之柔，乘九四之刚故。

《象》曰：泽上有雷，归妹。君子以永终知敝。

方雷之动，必感于泽。而雷则易息，泽恒如故。此岂可为夫妇恒久之道？亦岂君臣相遇之道？亦岂定慧均平之道乎？君子之于事也，未暇问其所始，先虑永其所终，苟以永终为虑，则知归妹之敝矣。

昔有贤达，年高无子，誓不取妾。其妻以为防己之妒也，宛转劝曰："君勿忌我，以致无后。"贤达曰："吾岂不知卿有贤德哉？吾年老矣，设取幼妾，未必得子。吾没之后，彼当如何？是以誓弗为耳。"其妻犹未深信，乃密访一少女，厚价买之。置酒于房，诱其夫与之同饮，抽身出房，反锁其门。贤达毅然从窗越出，喻其妻曰："吾岂以衰颓之身污彼童女，令彼后半世进退失措。幸速还彼父母，勿追其价。"于是妻及亲友无不叹服。未几，妻忽受胎，连育三子。后皆显达。

噫！此所谓永终知敝以德动天者乎？圣人于《象传》中，随顺恒情，则以天地大义许之；于《大象》中，劝修阴德，则以永终知敝醒之。知此义者，亦可治国，亦可观心矣。

初九：归妹以娣，跛能履，征吉。

《象》曰："归妹以娣"，以恒也。"跛能履"，吉相承也。

此卦以下兑为妹，以震为所归者也。兑三爻中，六三为妹，而初九、九二从嫁者娣；震三爻中，九四为所归主，而六五如帝乙之主婚，上六如宗庙之受祭。今初九以刚正之德，上从六三之妹，归于九四，而为其娣。六三如跛，待初能履，故得征吉。娣之为德，贵在能恒，相承于三，则三吉而初亦吉矣。

九二：眇能视，利幽人之贞。

《象》曰："利幽人之贞"，未变常也。

以刚中之德，亦从六三而为娣，六三如眇，待二能视。夫不自有其明，而使人获其视，非幽人之贞，其孰能之？然亦止是娣德之常耳。

六三：归妹以须，反归以娣。

《象》曰："归妹以须"，未当也。

为兑之主，恐其说之易动也。故诫之曰：须待六五之命，勿令人轻我，而反重我之娣以归也。由位未当，故诫之。

九四：归妹愆期，迟归有时。

《象》曰："愆期"之志，有待而行也。

三既须五命而后归我，则我之归妹不愆期乎？然虽迟归，会须有时。如大舜不得父命，则待帝尧之命而行也。

六五：帝乙归妹。其君之袂，不如其娣之袂良。月几望，吉。

《象》曰："帝乙归妹"，"不如其娣之袂良"也，其位在中，以贵行也。

五为帝乙，六三为妹，亦称女君，初九、九二为娣。以袂而论，则三不如初之与二。以女而论，则如月几望而圆满矣。夫以帝女之贵，而能行嫁于下，不骄不亢，岂非吉之道乎？

上六：女承筐，无实。士刲羊，无血。无攸利。

《象》曰：上六"无实"，承虚筐也。

震为兑所承之筐，兑为震所刲之羊。三承于六，筐则无实，六刲于三，羊则无血，故无攸利。盖生不积德，死后无灵，不能使子孙繁衍。至于不获已而归妹，此非女士之过，皆上六无实之过也。君子永终知敝，早见及于此矣。

卷　七

下经之三

丰 ䷶ **离下震上**

丰：亨，王假之。勿忧，宜日中。

家有妻妾则丰，国有多士则丰，观心有事禅助道则丰。丰则必亨。然非王不足以致丰。丰则可忧，而勿徒忧，但宜如日之明照万汇可也。

《彖》曰：丰，大也。明以动，故丰。"王假之"，尚大也。"勿忧，宜日中"，宜照天下也。日中则昃，月盈则食。天地盈虚，与时消息。而况于人乎？况于鬼神乎？

明而不动，动不以明，皆非王者之道，皆不可以致丰，故惟王乃能尚大耳。所谓勿忧，宜日中者，亦非止之令其不昃，正宜用其明以照天下，则不为丰所蔽也。至于昃食盈虚，虽天地不能违时，徒忧何益？

《象》曰：雷电皆至，丰。君子以折狱致刑。

折狱如电之照，致刑如雷之威。天之雷电，偶一至焉，常至

198

则物必坏。君子之用刑狱，不得已尔，轻用则民必伤。天之雷电必在盛夏，君子之用刑狱，必于丰乐康阜之时。

初九：遇其配主，虽旬无咎，往有尚。

《象》曰："虽旬无咎"，过旬灾也。

他卦六爻，每以阴阳相应为得，所谓沉潜刚克、高明柔克也。惟丰六爻，则阳与阳相得，阴与阴相得，所谓强弗友刚克、燮友柔克也。初九刚正，遇九四为其配主，互相砥砺，故虽旬无咎，而往有尚。若不速往，至于过旬，不免日中则昃而有灾矣。

六二：丰其蔀，日中见斗。往得疑疾。有孚发若，吉。

《象》曰："有孚发若"，信以发志也。

六二为离之主，至明者也。上与六五柔中合德，可以互相资益。而六五为九四所隔，如丰其蔀而日中见斗者焉。夫六五燮友，可以诚感，而不可以急应。故往则反得疑疾，惟有孚发若则吉。盖信以除疑，发以撤蔀也。蔀本无实，因疑故有。志发则疑除，疑除则蔀撤，而见九二之日矣。五本贤君，故其志可发。

九三：丰其沛，日中见沫。折其右肱，无咎。

《象》曰："丰其沛"，不可大事也。"折其右肱"，终不可用也。

以刚正而居离体，可以照天下者也。应于上六，阴阳交而需然大雨，故于日中但见水沫纷飞。失王假尚大之事，终不可以有为矣。明莫若左，动莫若右。上六居震之极，妄动自伤，故在九三如折右肱。此上之咎，非三咎也。

九四：丰其蔀，日中见斗，遇其夷主，吉。

《象》曰："丰其蔀"，位不当也。"日中见斗"，幽不明也。"遇其夷主"，吉行也。

以阳刚为震之主，兴云蔽日，故为丰蔀见斗。幸遇初九刚正，如日方升而往有尚，力能等我而为夷主，相与摧散阴霾，行照天下，不失丰亨之义，故吉也。六二之丰蔀见斗，乃指六五被九四所蔽。今九四则自丰其蔀，致使日中见斗，故以位不当、幽不明责之。

六五：来章，有庆誉。吉。

《象》曰：六五之吉，有庆也。

柔中居尊，而六二以信发之。虽全赖彼离明之德，亦实由我能来之也。君臣合德，天下胥蒙其庆矣。

上六：丰其屋，蔀其家，窥其户，阒其无人。三岁不觌。凶。

《象》曰："丰其屋"，天际翔也。"窥其户，阒其无人"，自藏也。

以阴居阴，处震之极，丰之上，拒绝离明，惟恐容光之或照及我也。故丰其屋，则堂高数仞，飞檐斜桷，若欲翔于天际者。蔀其家，则多设覆蔽，深自藏隐，纵窥户而阒若无人者。此乃从暗至暗，虽至三岁犹不相觌。凶何如哉？三岁言其甚久，亦以隔于九三，共三爻故。

旅 ䷷ 艮下离上

旅：小亨，旅贞吉。

日中则昃，月盈则食，故次丰之后明旅也。丰以尚大，旅以小亨。贞岂有大小哉？在大则大，在小则小，要不失其贞而已。不失其贞，则无往而不吉矣。

《彖》曰："旅，小亨"，柔得中乎外而顺乎刚，止而丽乎明，是以"小亨，旅贞吉"也。旅之时义大矣哉！

在外故名为旅。处旅莫尚于柔，用柔莫贵于得中，得中则能顺刚，而天下无难处之境矣！止故能随寓而安，丽明故能见机而作。此旅之贞，即乾之贞，即坤之贞，即大易之贞也。从来大圣大贤，自天子至于庶人，无不全以乾坤大易之贞而处旅，无不即于旅时而具见乾坤大易之贞者，讵可以造次而忽其时义之大哉？

佛法释者：下三土无非旅泊千三土中作大佛事，故时义大。若以寂光法身视之，仍名小亨。

《象》曰：山上有火，旅。君子以明慎用刑而不留狱。

山如亭舍，火如过客。君子之省方巡狩也，法离之明，法艮之慎，故刑可用而狱不可留。盖设使留狱不决，则不惟失离之明，亦且失艮之慎矣。

观心释者：念起即觉，觉即推破，不坠掉悔也。

初六：旅琐琐，斯其所取灾。

《象》曰："旅琐琐"，志穷灾也。

阴柔在下，不中不正，旅而琐琐者也。琐琐，犹云屑屑。由无高明远大之志，所以自取其灾。

六二：旅即次，怀其资，得童仆，贞。

《象》曰："得童仆，贞"，终无尤也。

当旅之时，各以在上相近之爻为次、为处、为巢。而阴宜依阳，阳宜附阴。今六二阴柔中正，顺乎九三之刚，故为即次。以阴居阴，而在艮体，为怀其资。下有琐琐之初六，而无二心于我，为得童仆贞。夫即次怀资犹属外缘，得童仆贞则由内德。有德如是，可谓旅贞吉矣，终无尤。

九三：旅焚其次，丧其童仆，贞厉。

《象》曰："旅焚其次"，亦以伤矣。以旅与下，其义丧也。

三以四为其次，而以阳遇阳，又属离体，故焚其次而亦可伤矣。又复过刚不中，处此旅时，犹不知所以善与其下，致使童仆离心远去。此岂人之罪也哉？

九四：旅于处，得其资斧，我心不快。

《象》曰："旅于处"，未得位也。"得其资斧"，心未快也。

君子行役，志元不在资斧。九四近附六五，聊可处矣。以阳居阴，阴为资斧，犹云资粮，可以致用，故名资斧。然五方在旅，不能即大用我以行其志，故虽获于处，而犹未得位也。既未得位，故虽得其资斧，而于行道之心仍未快也。

六五：射雉，一矢亡。终以誉命。

《象》曰："终以誉命"，上逮也。

此正所谓柔得中乎外而顺乎刚者也。虚心以招天下之贤以济吾旅，如射雉者，虽或亡其一矢，终必得雉。故人誉之，天命之矣。盖以人合天，天必佑之，名为上逮。

上九：鸟焚其巢。旅人先笑后号咷。丧牛于易，凶。

《象》曰：以旅在上，其义焚也。"丧牛于易"，终莫之闻也。

处旅莫尚于柔。今以刚不中正，而在离极、更无覆护之者，如鸟焚其巢矣。先则以处高为乐，故笑；后则以焚巢无归，故号咷。离本有牝牛之德，乃以任刚傲慢，不觉丧之，凶何如哉？然巢之焚，由其以旅在上，乃是高亢加人，故义能招之。岂可归咎于命数？牛之丧，由其不知内省，骄矜自是，故祸生于所忽，而终莫之闻。岂可怨尤于他人？

巽 ䷸ 巽下巽上

巽：小亨，利有攸往，利见大人。

善处旅者，无入而不自得，不巽则无以自容矣。巽以一阴入于二阳之下，阴有能，而顺乎阳以致用，故小亨而利有攸往、利见大人也。

观心释者：增上定学，宜顺于实，慧以见理。

《彖》曰：重巽以申命。刚巽乎中正而志行，柔皆顺乎刚，是以"小亨，利有攸往，利见大人"。

君子之在旅也，得乎丘民而为天子。民有能而顺乎君，君则殷勤郑重，申吾命以抚绥之。盖由刚巽乎中正之德，故其志得行，故柔皆顺之也。刚不中正，则不足以服柔。柔不顺刚，则亦不得小亨矣。利有攸往，利见大人，正所以成其小亨。不往不见，何以得亨也哉？

《象》曰：随风，巽。君子以申命行事。

风必相随继至，乃可以鼓万物。君子必申明其命，笃行其事，乃可以感万民。故曰："君子之德风。"

初六：进退。利武人之贞。

《象》曰："进退"，志疑也。"利武人之贞"，志治也。

初六，巽之主也。巽主于入，而阴柔每患多疑，故或进而且退。夫天下事本无可疑，特其志自疑耳。决之以武人之贞，则志治而天下事不难治矣。此所云武人之贞，即《象》所云有攸往而见大人者也。

九二：巽在床下，用史巫纷若。吉，无咎。

《象》曰："纷若"之吉，得中也。

九五阳刚中正，为巽之主，如坐床上，则九二巽德之臣，固宜在床下矣。然以刚中得初六之顺，未免有僭窃之嫌，故必用史以纪吾所行，用巫以达吾诚悃。纷若不敢稍疏，乃得中而吉无咎也。

九三：频巽，吝。

《象》曰："频巽"之吝，志穷也。

以刚居刚，非能巽者。勉强学巽，时或失之。盖志穷则不止于志疑，疑可治而穷则吝矣。

六四：悔亡。田获三品。

《象》曰："田获三品"，有功也。

阴柔得正，为巽之主。顺乎九五阳刚中正之君，此休休有容之大臣，天下贤才皆乐为用者也，故如田获三品而有功。三品者，除九五君位，余三阳皆受其罗网矣。

九五：贞吉，悔亡，无不利。无初有终。先庚三日，后庚三日，吉。

《象》曰：九五之吉，位正中也。

虽有其德，苟无其位，则不敢变更；虽有其位，苟无其德，则不能变更。九五盖德位相称者也，故得其巽之贞，而亦吉，亦悔亡，亦无不利。然事既变更，则是无初；变更得正，所以有终。又必丁宁于未更三日之先，且豫揆度于既更三日之后，则吉也。盘庚以之。

上九：巽在床下，丧其资斧。贞凶。

《象》曰："巽在床下"，上穷也。"丧其资斧"，正乎凶也。

以阳刚居卦上。举凡九五、九二之能巽者，皆在我床下矣。而我方上穷而不知，故初六、六四之资斧，皆为二、五所用，而不为我用。其凶也，是其正也。何所逃乎？

佛法释六爻者：初是世间事禅，有进有退；二是空慧，宜史巫以通实相；三是乾慧，不能固守；四是出世间禅，多诸功德；五是中道正慧，接别入圆，故无初有终；上是邪慧，灭绝功德。

兌 ䷹ 兌下兌上

兌：亨，利贞。

入则自得，自得则说。自得则人亦得之，人得之则人亦说之矣。说安得不亨哉？然说之不以正，君子不说，故利贞焉。《书》云："无拂民以从己之欲，罔违道以干百姓之誉。"

《彖》曰：兌，说也。刚中而柔外，说以利贞，是以顺乎天而应乎人。说以先民，民忘其劳。说以犯难，民忘其死。说之大，民劝矣哉！

刚中则无情欲偏倚之私，柔外则无暴戾粗浮之气。此说之至正，天地同此一德者也。以此德而先民，民自忘劳；以此德而犯难，民自忘死。即此是说之大，民自劝而胥化于善，非以我劝民也。

《象》曰：丽泽，兌。君子以朋友讲习。

泽相丽则不枯竭，学有朋则不孤陋。以文会友，讲也；以友辅仁，习也。讲而不习则罔，习而不讲则殆。讲则有言，不背于无言；习则无言，证契于有言。又讲则即无言为有言，习则即有言成无言矣。

初九：和兌，吉。
《象》曰："和兌"之吉，行未疑也。

刚正无应，和而不同，得兑之贞者也。无私故未有疑。

九二：孚兑，吉，悔亡。

《象》曰："孚兑"之吉，信志也。

刚中，则诚内形外，自信其志，亦足以取信于天下矣。

六三：来兑，凶。

《象》曰："来兑"之凶，位不当也。

六三为兑之主，何以凶哉？乾得坤之上爻而为兑，以阳为体，以阴为用者也。若内无其体，徒欲外袭其用，以来取悦于人，则乱义必矣。君子所以恶夫佞者。

九四：商兑未宁，介疾有喜。

《象》曰：九四之喜，有庆也。

兑不可以不利贞也。三之来兑，何足恋惜？乃不忍绝而商之，心必未宁。惟介然自断，速疾勿迟，则有喜矣。大臣不为谄媚所惑，天下且受其庆，不止一身有喜而已。

九五：孚于剥。有厉。

《象》曰："孚于剥"，位正当也。

阳刚中正，诚内形外之至者也。故不惟可孚于君子，亦可孚于剥正之小人。使彼改恶从善，反邪归正，而有厉焉。盖既有其德，又有其位，故化道如此之盛耳。

上六：引兑。

《象》曰：上六"引兑"，未光也。

上六亦为兑主。然既无其体，惟思以悦引人，则心事亦暧昧矣。三欲来四，上欲引五，其情态同。而三不当位，故凶；上犹得正，故不言凶。

涣 ䷺ 坎下巽上

涣：亨。王假有庙，利涉大川。利贞。

悦而后散之。谓公其悦于天下，而不独乐其乐，故亨也。既能与民同乐，则上可以悦祖考，故王假有庙；远可以悦四夷，故利涉大川。而悦不可以不正也，故诫之以利贞。

《彖》曰："涣，亨"，刚来而不穷，柔得位乎外而上同。"王假有庙"，王乃在中也。"利涉大川"，乘木有功也。

九二刚来而不穷，六四柔得位乎外而上顺于九五。此能扩充兑卦刚中柔外之德，而涣其悦于天下者也，安得不亨？又九五居上卦之中，此王假有庙以悦祖考之象；乘巽木而涉坎水，此远悦四夷决定有功之象。而贞在其中矣。

《象》曰：风行水上，涣。先王以享于帝立庙。

风行水上，不劳力而波涛普遍。先王享帝以事天，立庙以事先。尽其一念诚孝，即足以感通天下，恩波亦无不遍矣。故曰"明乎郊社之礼，禘尝之义，治国其如视诸掌乎"？

初六：用拯，马壮吉。

《象》曰：初六之吉，顺也。

初居坎下，受四之风而用拯，拯则出水而登陆矣。坎于马为美脊。今初六顺于九二，故为马壮而吉。

九二：涣奔其杌，悔亡。

《象》曰："涣奔其杌"，得愿也。

此正《彖传》所谓刚来而不穷者也。当涣时而来奔据于杌，卓然安处中流，得其自悦悦他之愿，故悔亡。

六三：涣其躬，无悔。

《象》曰："涣其躬"，志在外也。

阴居坎体之上，六四上同上九之风而涣之。举体散作波涛以润于物，志在外而不在躬，故无悔也。

六四：涣其群，元吉。涣有丘，匪夷所思。

《象》曰："涣其群，元吉"，光大也。

此正《彖》所谓柔得位乎外而上同者也。阴柔得正，为巽之主。上同九五，下无应与，尽涣其群以合于大公。此则天下一家，万物一体。名虽为涣，而实乃有丘矣。圣人无己，无所不己。光明正大之道，岂平常思虑所能及哉?

九五：涣汗其大号，涣王居，无咎。

《象》曰："王居，无咎"，正位也。

发大号以与民同悦，如汗之发于中而浃于四体。盖四之涣群，由五为王而居于正位，四乃得上同之，是故大号如汗涣于外。王居正位常在中，故无咎也。

上九：涣其血去逖出，无咎。

《象》曰："涣其血"，远害也。

血者，坎之象。逖者，远也。人有大患，为其有身。常情执之，保为己躬。正理观之，乃脓血聚，毒害本耳。上九用六四之风，以涣六三之躬。六三可谓忘身为国，故志在外而无悔。然非上九为其远害，则六三何能兴利乎？

合六爻言之：九二如贤良民牧，承流宣化；六四如名世大臣，至公无私；九五如治世圣王，与民同乐；上九如保傅司徒，教民除害；初因此而出险，既拔苦必得乐，故吉；三因此而忘我，既远害必兴利，故无悔也。

节 ䷻ 兑下坎上

节：亨。苦节不可贞。

水以风而涣，以泽而节。节则不溃不涸，而可以常润，故亨。夫过于涣必竭，故受之以节。然过于节则苦，又岂可常守乎？

《彖》曰："节，亨"，刚柔分而刚得中。"苦节不可贞"，其道穷也。说以行险，当位以节，中正以通。天地节而四时成。节以制度，不伤财，不害民。

得中则不苦。苦则穷，穷则不可以处常。不苦则说，说则并可以行险。惟节而当位，斯为中正。惟中正故通而不穷。天有四时，王有制度，皆所谓中正以通者也。

《象》曰：泽上有水，节。君子以制数度、议德行。

若冕旒、若宗庙、若乐舞、若阶陛、若蓍龟、若爵禄等，皆有其数以为度。制使各得其节，则无过与不及，而不奢不俭。若见君、若事亲、若接宾、若居丧等，皆根乎德以成行。议使各当其节，则无过与不及，而可继可传。如泽节水，称其大小浅深，要使不溃不涸而已。

初九：不出户庭，无咎。
《象》曰："不出户庭"，知通塞也。

节之义亦多矣。或时节，或裁节，或品节，或名节，或撙节，或符节；成节制，或节文，或节限，或节操。今且以时节言之：刚正而居下位，九二塞于其前，故顺时而止，不出户庭。既知裁节，则品节、名节皆善矣。复以节制言之：上应六四，水积尚浅，故宜塞使不流也。

九二：不出门庭，凶。

《象》曰："不出门庭，凶"，失时极也。

若以时节言之：既在可为之位，又有刚中之德。六三已辟其门，而乃上无应与。固守小节，岂非大失？复以节制言之：上对九五，水积渐深，便宜通之使流。胡须阻塞以致洪泛？岂非失时之极！

六三：不节若，则嗟若。无咎。

《象》曰："不节"之嗟，又谁咎也？

若以时节言之：阴不中正，居下之上，又为悦主，故始则恣情适意而不知节若，后则忧患洊至而徒有嗟若。自取其咎，无可以咎谁也。复以节制言之：上对上六，水已泛滥，而泽口不能节之，徒有嗟苦而已。将谁咎乎？

六四：安节，亨。

《象》曰："安节"之亨，承上道也。

若以时节言之：柔而得正，居大臣位以承圣君，故为安节，所谓太平宰相也。复以节制言之：下应初九，塞而不流，任九五、上六之波及于物，而我独享其安，故亨。

九五：甘节，吉。往有尚。

《象》曰："甘节"之吉，居位中也。

阳刚中正，居于尊位，所谓当位以节者也。无过不及，故甘而吉。行之无敝，故往有尚。自居位中，故非失时，极之九二所能阻碍。

上六：苦节，贞凶。悔亡。

《象》曰："苦节，贞凶"，其道穷也。

若以时节言之：纯阴而居节之极，固守不通，故其道既穷，虽正亦凶。彼执为正，实非正也。惟悔而改之则不穷，不穷则凶可亡矣。复以节制言之：水以流下为其节操，六三兑口上缺，不能节制。故上六尽其流下之节而不稍留，遂至枯竭而为苦节，故曰其道穷也。

中孚 ䷼ 兑下巽上

中孚：豚鱼吉。利涉大川。利贞。

四时有节，故万物信之，而各获生成；数度德行有节，故天下信之，而成其感应。孚者，感应契合之谓。中者，感应契合之源也。由中而感，故由中而应。如豚鱼之拜风，彼岂有安排布置、思议测度也哉？中孚而能若豚鱼拜风，则吉矣。然欲致此道，则利涉大川，而又利贞。盖不涉川，不足以尽天下之至变；不利贞，不足以操天下之至恒。不涉川，则不能以境炼心而致用；不利贞，则不能以理融事而立本也。

《彖》曰：中孚，柔在内而刚得中。说而巽，孚乃化邦也。"豚鱼吉"，信及豚鱼也。"利涉大川"，乘木舟虚也。中孚以"利贞"，乃应乎天也。

合全卦而观之：二柔在内，则虚心善顺，毫无暴戾之私。分上下而观之：两刚得中，则笃实真诚，毫无情欲之杂。兑悦则感人以和，巽顺则入人必洽，故邦不祈化而自化也。

信及豚鱼，犹言信若豚鱼。盖人心巧智多而机械熟，失无心之感应，不及豚鱼之拜风者多矣。故必信若豚鱼，而后可称中孚也。巽为木、为舟，浮于泽上。内虚而木坚，故能无物不载，无远不达。人之柔在内如虚舟，刚得中如坚木，斯可历万变而无败也。夫中孚即天下之至贞，惟利贞乃成中孚。此岂勉强造作所成？

乃应乎天然之性德耳。试观飓风将作，豚鱼跃波。鱼何心于感风？风何心于应鱼？盖其机则至虚，其理则至实矣。

吾人现在一念，心性亦复如是：不在内，不在外，不在中间；不在过去，不在现在，不在未来。觅之了不可得，可谓至虚。天非此无以为覆，地非此无以为载，日月非此无以为明，鬼神非此无以为灵，万物非此无以生育，圣贤非此无以为道。体物而不可遗，可谓至实。

夫十方三世之情执本虚，而心体真实，决不可谓之虚；天地万物之理体本实，而相同幻梦，决不可谓之实。是故柔与刚非二物，内与中非二处也。知乎此者，方可名贞，方可涉川，方信及豚鱼而吉矣。

《象》曰：泽上有风，中孚。君子以议狱缓死。

泽感而风应，风施而泽受。随感随应，随施随受，此中孚之至也。君子知民之为恶也，盖有出于不得已者焉。如得其情，则哀矜而勿喜，故于狱则议之。功疑惟重，罪疑惟轻也。于死则缓之。与其杀不辜，宁失不经也。如此，则杀一人而天下服，虽死不怨杀者矣。

初九：虞吉，有他不燕。

《象》曰：初九"虞吉"，志未变也。

君子戒慎乎其所不睹，恐惧乎其所不闻，皆是向一念未生前下手。即本体即功夫，即功夫即本体。故能遁世不见知而不悔，而天地位焉，万物育焉，所谓"暗然而日章"者也。才起一念，则名为他，则志变而不燕矣。小人而无忌惮，行险侥幸，皆从此一念构出，可不虞之于初也哉？中孚以天地万物为公。若专应六四，便名有他。

九二：鸣鹤在阴，其子和之。吾有好爵，吾与尔靡之。

《象》曰："其子和之"，中心愿也。

刚得中而居二阴之下，此正暗然日章者也。鹤鸣子和，感应并出于天然，岂有安排勉强？故曰中心愿也。子无专指，但取同德相孚之人。

六三：得敌，或鼓或罢，或泣或歌。

《象》曰："或鼓或罢"，位不当也。

若以卦体合观，则三与四皆所谓柔在内者也。今以诸爻各论，则六三阴不中正，为兑之主。本应上九，而彼方登天独鸣，不来相顾。近得六四，敌体同类，故有时欣其所得，则或鼓；有时怨其所应，则或罢；有时遥忆上九，则或泣；有时且娱六四，则或歌。皆由无德，不能当位故也。

六四：月几望，马匹亡。无咎。

《象》曰："马匹亡"，绝类上也。

柔而得正，阴德之盛者也，故如月几望焉。六三妄欲得我为匹，我必亡其匹，绝其类。乃上合于天地万物，为公之中孚，而无咎也。

九五：有孚挛如。无咎。

《象》曰："有孚挛如"，位正当也。

阳刚中正，居于尊位，德位相称，天下信之，挛如而不可移夺者也。然亦止尽中孚之道而已，岂有加哉？故但曰无咎，亦犹圆满菩提归无所得之旨欤?

上九:翰音登于天,贞凶。

《象》曰:"翰音登于天",何可长也?

刚不中正,居巽之上,卦之终。自信其好名、好高情见,而不知柔内得中之道者也。如雄鸡舍其牝而登鸣于屋,已为不祥,况欲登天?天不可登,人必以为怪而杀之矣,何可长也?

小过 ䷽ 艮下震上

小过：亨，利贞。可小事，不可大事。飞鸟遗之音，不宜上，宜下。大吉。

君子之制数度、议德行也，使其节如天地四时，则豚鱼亦信之矣。夫岂有过也哉？自其不能应乎天者，以有他而不燕，故过或生焉。然过从求信而生，过则小矣。过生，而圣贤为之补偏救弊。如行过乎恭，丧过乎哀，用过乎俭之类，未免矫枉过正。此亦所谓小过也。

夫求信而成小过，其过可改也，故亨。矫枉而为小过，其过可取也，故亨。然必要于得正而已矣。贞则小过便成无过，不贞则小过将成大过。是故当小过时，但可为小事以祈复于无过之地，不可更为大事以致酿成不测之虞。譬如飞鸟已过，遗我以音，不宜上而宜下。上则音哑而我不得闻，下则音扬而我得闻之。得闻鸟音，以喻得闻我过而速改焉，则复于无过之地。过小，而吉乃大矣。

《象》曰：小过，小者过而亨也。过以利贞，与时行也。柔得中，是以小事吉也。刚失位而不中，是以"不可大事"也，有飞鸟之象焉。"飞鸟遗之音，不宜上，宜下，大吉"，上逆而下顺也。

小者即小事。小事有过，故仍不失其亨。设大者过，则必利有攸往乃亨矣。惟与时行，故虽过不失其贞。《象》但言贞，《传》特点出时行二字，正显时当有过，则过乃所以为贞。倘不与时行，虽强欲藏身于无过之地，亦不名为贞也。且人有刚柔二德，任大事则宜用刚，处小事则宜用柔。今此卦柔得其中，得中则能与时行，故小事吉；刚失位而不中，不中则不能与时行，故不可以大事。

且卦体中二阳爻如鸟之背，外各二阴如舒二翼，有似飞鸟之象。鸟若上飞，则风逆而音哑；鸟若下飞，则风顺而音扬也。

钱启新曰：大过，大者过也，曰刚过而中。小过，小者过也，曰柔得中。其所谓过，皆有余之谓。大成其大，如独立、遁世等事；小成其小，如过恭、过哀、过俭等事。初不是过刚过柔，更不是过中。故大过之后，受之以坎、离之中；小过之后，受之以既济、未济之中。君子以天下与世论，须是大过；以家与身论，须是小过。大过以刚大有余为用，刚中之能事；小过以柔小有余为用，柔中之能事。刚中又巽、兑二柔之用，柔中又震、艮二刚之用，都不是过中之过。又匪专以坎为刚中，离为柔中，故随小大而皆亨。

《象》曰：山上有雷，小过。君子以行过乎恭，丧过乎哀，用过乎俭。

吴草庐曰：恭以救傲，哀以救易，俭以救奢。救其过以补其不足，趣于平而已，所谓时中也。

项氏曰：曰行曰丧曰用，皆见于动，以象震也；曰恭曰哀曰俭，皆当止之节，以象艮也。

初六：飞鸟以凶。

《象》曰："飞鸟以凶"，不可如何也。

阴不中正，上应九四，宜下而反上者也，凶决不可救矣。

六二：过其祖，遇其妣。不及其君，遇其臣。无咎。

《象》曰："不及其君"，臣不可过也。

设欲上进，则必过九四之祖，遇六五之妣。然两阴不相应，而六二阴柔中正，居于止体，故不复上及六五之君，但遇其九四之臣。以知九四虽臣，而实有德，决不可过故也。二与四同功而异位，故有相遇之理。太公避纣而遇文王，此爻似之。

九三：弗过防之，从或戕之。凶。

《象》曰："从或戕之"，凶如何也？

重刚不中，而应上六。如鸟身不能为主，反随翼而高飞。既弗肯过防闲之，必有从而戕之者矣。其凶何如？

九四：无咎。弗过遇之。往厉，必戒，勿用，永贞。

《象》曰："弗过遇之"，位不当也。"往厉必戒"，终不可长也。

九三信其刚正，自以为无咎者也，乃弗防而致戕。九四居位不当，自知其有咎者也，乃周公许其无咎。何哉？盖人惟自见有不足处，方能过于省察。尧舜其犹病诸，文王望道未见，孔子五十学《易》，伯玉寡过未能，皆此意耳。四与初应，故弗过而遇之。但使初来听命于四，则四为主而无咎。设使四往听命于初，则初反为主。喜上而不喜下，初得凶，而四亦甚厉矣。故必戒而勿用，须是永守其不宜上宜下之贞，乃可长也。

六五：密云不雨，自我西郊。公弋取彼在穴。

《象》曰："密云不雨"，已上也。

阴柔不正，下无应与。虽为天下共主，膏泽不下于民，如云自西郊，虽密不雨者焉。乃使九四之公，坐收下位群贤，如弋彼在穴而不费力。盖由六五之已上，违于不宜上宜下之贞故也。此如纣不能用太公，反使文王取之。

上六：弗遇过之。飞鸟离之，凶，是谓灾眚。

《象》曰："弗遇过之"，已亢也。

下应九三，而阴居动体卦极，方与初六鼓翰奋飞，故弗遇九三，而竟过之。一切飞鸟皆悉离之，遗群独上，身死羽落而后已。其凶也，盖天击之，故曰灾眚；其灾也，实自取之，故曰已亢。桀纣亡国，亦仅失其不宜上宜下之贞所致而已，岂有他哉？设肯行过乎恭、丧过乎哀、用过乎俭，何以至此？

既济 ䷾ 离下坎上

既济：亨小，利贞，初吉终乱。

君子之于事也，恭以济傲，哀以济易，俭以济奢。凡事适得其中，则无不济者矣。无不济故亨。不惟在大，而亦及小，盖无所不亨者也。然安不忘危，存不忘亡，治不忘乱，乃万古之正理。试观舟不覆于龙门而覆于沟渠，马不蹶于羊肠而蹶于平地，岂谓沟渠、平地反险于龙门、羊肠哉？祸每生于不测，患莫甚于无备故也。故必利贞以持之。不然，方其初得既济，皆以为吉，终必以此致乱，不可救矣。如水得火济而可饮可用，然设不为之防闲，则火炎而水枯，水决而火灭，不反至于两伤乎？

《彖》曰："既济，亨"，小者亨也。"利贞"，刚柔正而位当也。"初吉"，柔得中也；终止则乱，其道穷也。

小者尚亨，则大者不待言矣。六十四卦，惟此卦刚柔皆当其位，故贞。六二柔得其中，为离之主，以此济水，水方成用，故初吉。然设以为既无不济，便可终止，则必致水决火灭、火炎水枯之乱，或任其火烬水竭，故曰其道穷也。

《象》曰：水在火上，既济。君子以思患而豫防之。

方其既济，似未有患，患必随至，故君子深思而豫防，即《象》所谓利贞者也。《说统》云："体火上之水以制火而防其溢，体水下之火以济水而防其烈。"

初九：曳其轮，濡其尾，无咎。

《象》曰："曳其轮"，义无咎也。

六爻皆思患豫防之旨也，既济则初已济矣。轮犹曳而若欲行，尾犹濡而若欲渡。无事不忘有事，防之于初，则不至于终乱，故义无咎。

六二：妇丧其茀，勿逐，七日得。

《象》曰："七日得"，以中道也。

九五阳刚中正而居君位，二以阴柔中正应之，必有小人欲为离间而窃其茀者。二得中道，故安然不寻逐之。惟勿逐乃七日自得，逐则失中道而弗得矣。勿逐二字，即思患豫防之妙。

九三：高宗伐鬼方，三年克之。小人勿用。

《象》曰："三年克之"，惫也。

以重刚居明极，高宗伐鬼方之象也。然且三年克之，困惫甚矣！况刚明未必如高宗者乎？况可用小人以穷兵黩武殃民贼国乎？奈何不思患而豫防之也！

六四：繻有衣袽，终日戒。

《象》曰："终日戒"，有所疑也。

美帛曰繻，敝絮曰袽。繻必转而为袽，可无戒乎？

潘雪松云：四居三之后，离明尽而坎月方升时也。在三已称日昃之离，在四何可忘终日之戒？

蕅益曰：疑即是思患豫防之思。

九五：东邻杀牛，不如西邻之禴祭，实受其福。

《象》曰："东邻杀牛"，不如西邻之时也。"实受其福"，吉大来也。

离东坎西，下卦尽离明之用以致济，犹如杀牛。九五以坎中刚正之实德而享受之，曾不费力，犹如禴祭。盖虽有其德，苟无其时，不能致此；虽有其时，苟无实德，亦不能致此也。而思患豫防之旨，则在以诚不以物中见之。

上六：濡其首，厉。

《象》曰："濡其首，厉"，何可久也？

以阴柔居险之极，在济之终，所谓终止则乱，不能思患豫防者也。如渡水而濡其首，不亦危乎？

未济 ䷿ 坎下离上

未济：亨。小狐汔济，濡其尾，无攸利。

既有既济，必有未济，以物本不可穷尽故也。既有未济，必当既济，以先之既济，原从未济而济故也。是以有亨道焉。然未济而欲求济，须老成，须决断，须首尾一致。倘如小狐之汔济而濡其尾，则无所利矣。

《彖》曰："未济，亨"，柔得中也。"小狐汔济"，未出中也。"濡其尾，无攸利"，不续终也。虽不当位，刚柔应也。

六五之柔得中，所谓老成决断，而能首尾一致者也。未出中，言尚未出险中。此时正赖老成决断之才识，首尾一致之精神，而可不续终如小狐乎！然虽不当位，而刚柔相应，则是未济所可以可亨之由。

《象》曰：火在水上，未济。君子以慎辨物居方。

物之性不可不辨，方之宜不可不居，故君子必慎之也。如火性炎上，水性润下，此物之不可不辨者也。炎上而又居于上，不已亢乎？是宜居下以济水。润下而又居于下，将安底乎？是宜居上以济火。此方之不可不居者也。如水能制火，亦能灭火；火能济水，亦能竭水。又水火皆能养人，亦皆能杀人。以例一切诸物无不皆然。辨之可弗详明，居之可弗斟酌耶?

初六：濡其尾，吝。

《象》曰："濡其尾"，亦不知极也。

阴柔居下，无济世才，将终于不济而可羞矣。岂知时势已极，固易为力者哉?

九二：曳其轮，贞吉。

《象》曰：九二"贞吉"，中以行正也。

刚而不过，以此曳轮而行，得济时之正道者也。由其在中，故能行正。可见中与正不是二理。

六三：未济，征凶。利涉大川。

《象》曰："未济，征凶"，位不当也。

阴不中正，才德俱劣，故往必得凶。然时则将出险矣。若能乘舟以涉大川，不徒自恃其力，则险可济也。

九四：贞吉，悔亡，震用伐鬼方，三年有赏于大国。

《象》曰："贞吉，悔亡"，志行也。

刚而不过，如日方升，得济时之德之才之位者也，故贞吉而悔亡。于以震其大明之用，伐彼幽暗鬼方，三年功成，必有赏于大国矣。济时本隐居所求之志，今得行之。

六五：贞吉，无悔。君子之光，有孚，吉。

《象》曰："君子之光"，其晖吉也。

柔中离主以居天位，本得其正，本无有悔，此君子之光也。又虚己以孚九二，而其晖交映，天下仰之，吉可知矣。

上九：有孚于饮酒，无咎；濡其首，有孚，失是。

《象》曰："饮酒""濡首"，亦不知节也。

六五之有孚吉，天下已既济矣。故上九守其成，而有孚于饮酒，乃与民同乐，无咎之道也。然君子之于天下也，安不忘危，存不忘亡，治不忘乱。苟一任享太平乐，而无竞业惕厉之心，如饮酒而濡其首，吾信其必失今日此乐，以彼不知节故。节者，如天地之四时必不可过，亦谓之极。初六柔疑太过，故云亦不知极；上九刚信大过，故云亦不知节。知极知节，则未济者得济，已济者可长保矣。

系辞上传

伏羲设六十四卦，令人观其象而已矣。夏商各于卦爻之下，系辞焉以断吉凶，如所谓《连山》《归藏》者是也。周之文王，则系辞于每卦之下，名之曰《彖》。逮乎周公，复系辞于每爻之下，名之曰《象》。孔子既为《彖传》《象传》以释之，今又统论伏羲所以设卦，文、周所以系辞。其旨趣、纲领、体度、凡例，彻乎性修之源，通乎天人之会，极乎巨细之事，贯乎日用之微。故名为"系辞之传"，而自分上下焉。

随缘不变、不变随缘之易理，天地万物所从建立也。卦爻阴阳之《易》书，法天地万物而为之者也。易知简能之易学，玩卦爻阴阳而成之者也。由易理方有天地万物，此义在下文明之。今先明由天地万物而为《易》书，由《易》书而成易学，由易学而契易理。

天尊地卑，乾坤定矣。卑高以陈，贵贱位矣。动静有常，刚柔断矣。方以类聚，物以群分，吉凶生矣。在天成象，在地成形，变化见矣。是故刚柔相摩，八卦相荡。鼓之以雷霆，润之以风雨。日月运行，一寒一暑。

此先明由天地万物而为《易》书也。《易》之乾坤，即象天地；易之贵贱，即法高卑；易之刚柔，即法动静；易之吉凶，即法方物；易之变化，即法形象。是故易之有刚柔相摩，八卦相荡，而变化无穷，犹天地之有雷霆风雨，日月寒暑，而万物皆备。盖无有一文一字是圣人所杜撰也。

乾道成男，坤道成女。乾知大始，坤作成物。乾以易知，坤以简能。易则易知，简则易从。易知则有亲，易从则有功。有亲则可久，有功则可大。可久则贤人之德，可大则贤人之业。易简而天下之理得矣。天下之理得，而成位乎其中矣。

此明由《易》书而成易学，由易学而契易理也。万物虽多，不外天地；《易》卦虽多，不出乾坤。圣人体乾道而为智慧，智慧如男；体坤道而为禅定，禅定如女。智如金声始条理，定如玉振终条理。智则直心正念真如，故易知而无委曲之相；定则持心常在一缘，故简能而无作辍之歧。正念真如，故吾无隐乎尔而易知；持心一缘，故无入不自得而易从。易知，故了知生、佛体同而有亲；易从，故决能原始要终而有功。有亲，不惟可大而又可久，即慧之定也；有功，不惟可久而又可大，即定之慧也。德业俱备，以修显性，故得理而成位矣。易理本在天地之先，亦贯彻于天地万物之始终。今言天下之理者，以既依理而有天地，则此理即浑然在天下也。亦以孔子既示为世间圣人，故且就六合内言之。

圣人设卦观象，系辞焉而明吉凶，刚柔相推而生变化。是故吉凶者，失得之象也；悔吝者，忧虞之象也。变化者，进退之象也；刚柔者，昼夜之象也。六爻之动，三极之道也。是故君子所居而安者，《易》之序也；所乐而玩者，爻之辞也。是故君子居则观其象而玩其辞，动则观其变而玩其占。是以自天佑之，吉无不利。

惟其易理全现乎天地之间，而人莫能知也。故伏羲设卦以诠显之，文、周又观其象，系辞焉而明吉凶以昭告之：顺理者吉，逆理者凶也。夫易理本具刚柔之用，而刚柔各有善恶之能。刚能倡始，而过刚则折；柔能承顺，而过柔则靡。然刚柔又本互具刚柔之理，故悟理者能达其相，推而生变化。是故吉凶者，即失理得理之象也；悔吝者，乃忧于未然虑于事先之象也。知吉凶之象，则必为之进退，而勿守其穷，故变化者，明示人以进退之象也。知悔吝之方，则必通乎昼夜而善达其用，故刚柔者，明示人以昼夜之象也。

然则六爻之动，一唯诠显三极之道而已。三极之道，即先天易理。非进非退，而能进能退；非昼非夜，而能昼能夜。天得之以立极于上，地得之以立极于下，人得之以立极于中，故名三极之道。乃即一而三，即三而一之极理也。夫易理既在天而天，在地而地，在人而人。是故随所居处无非《易》之次序，只须随位而安。只此所安之位，虽仅六十四卦中之一位，便是全体三极、全体易理，不须更向外求。而就此一位中，具足无量无边变化，统摄三百八十四种爻辞，无有不尽，是可乐而玩也。平日善能乐玩，故随动皆与理合。纵遇变故，神恒不乱，自能就吉远凶。此乃自心合于天理，故为理之所佑，岂侥幸于术数哉？

象者，言乎象者也。爻者，言乎变者也。吉凶者，言乎其失得也。悔吝者，言乎其小疵也。无咎者，善补过也。是故列贵贱者存乎位，齐小大者存乎卦，辩吉凶者存乎辞，忧悔吝者存乎介，震无咎者存乎悔。是故卦有

小大，辞有险易。辞也者，各指其所之。

承上：居则观其象，而言象者莫若象也；动则观其变，而言变者莫若爻也。彼象爻所言吉凶者，乃示人以失得之致，使人趣得而避失也；所言悔吝者，乃示人以小疵，使勿成大失也；所言无咎者，乃示人以善补其过，使还归于得也。是故位以列其贵贱，使人居上不骄、为下不倍也。卦以齐其小大，使人善能用阴用阳，不被阴阳所用也。辞以辩其吉凶，使人知吉之可趣、凶之可避也。此其辩别之端甚微，非观象玩占者不能忱之；此其挽回之力须猛，非观变玩占者不能震之。是故卦有小大，辞有险易，盖明明指人以所趋之理矣。所趋之理即吉道也。自非全体合理，决不能有吉无凶。

《易》与天地准，故能弥纶天地之道。仰以观于天文，俯以察于地理，是故知幽明之故。原始反终，故知死生之说。精气为物，游魂为变，是故知鬼神之情状。与天地相似，故不违。知周乎万物，而道济天下，故不过。旁行而不流，乐天知命，故不忧。安土敦乎仁，故能爱。范围天地之化而不过，曲成万物而不遗，通乎昼夜之道而知，故神无方而《易》无体。

夫观象玩辞、观变玩占者，正以辞能指示究竟所趋之理故也。《易》辞所以指示极理者，以圣人作《易》，本自与天地准，故能弥合经纶天地之道也。圣人之作《易》也，仰观天文，俯察地理，知天文地理之可见者，皆是形下之器，其事甚明。而天文地理所以然之故，皆不出于自心一念之妄动妄静。动静无性，即是形上之道，其理甚幽。此幽明事理，不二而二，二而不二，惟深观细察乃知之也。

原其所自始，则六十四始于八，八始于四，四始于二，二始于一。一何始乎？一既无始，则二乃至六十四皆无始也。无始之始，假名为生。反其所以终，则六十四终只是八，八终是四，四终是二，二终是一，一终是无。无何终乎？无既无终，则一乃至六十四亦无终也。无终之终，假名为死。由迷此终始、死生无性之理，故妄于天地间揽精气以为物，游魂灵以轮回六道而为变，是故知鬼神之情状也。

圣人既如此仰观俯察，乃至鬼神之情状皆备知已，然后作《易》，所以《易》则与天地相似，故不违也。依《易》起知，知乃周乎万物，而道济天下，故不过也。依《易》起行，行乃旁行而不流，乐天知命，故不忧也。知行具足，则安土敦仁，广度含识，故能爱也。是以横则范围天地之化而不过，曲成万物而不遗；竖则通乎昼夜之道而知。横遍竖穷，安有方所？既无方所，宁有体相哉？神指圣人，易指理性。非无体之易理，不足以发无方之神知；非无方之神知，不足以证无体之易理。

旁行者，普现色身三昧，现形六道也；不流者，不随六道惑业所牵也。乐天者，恒观第一义天也；知命者，善达十界缘起也。安土者，三涂八难皆常寂光也；敦仁者，于一切处修大慈大悲三昧也。昼者涅槃，夜者生死，了知涅槃生死无二致故。三世一照，名为通乎昼夜之道而知。

一阴一阳之谓道。继之者善也，成之者性也。仁者见之谓之仁，知者见之谓之知。百姓日用而不知，故君子之道鲜矣！显诸仁，藏诸用，鼓万物而不与圣人同忧。盛德大业至矣哉！富有之谓大业，日新之谓盛德，生生之谓易，成象之谓乾，效法之谓坤。极数知来之谓占，通变之谓事，阴阳不测之谓神。

　　夫易虽无体，无所不体，非离阴阳形体而别有道也。一阴一阳，则便是全体大道矣。然非善称理以起修者，不能继阴阳以立极，而即彼成位于中者，全是本性功能。乃世之重力行者，往往昧其本性，是仁者见之谓之仁也；世之重慧解者，往往不尚修持，是知者见之谓之知也。百姓又日用而不自知，故君子全性起修、全修显性之道鲜矣！然仁者虽但见仁，而仁何尝不从知以显？知者虽但见知，而用何尝不随仁以藏？仁体至微而恒显，知用至露而恒藏，此即一阴一阳之道，法尔鼓舞万物而不与圣人同忧者也。不与圣人同忧，且指易之理体而言，其实圣人之忧亦不在理体外也。且圣人全体易理，则忧亦非忧矣。

　　包含天地万物事理，故为富有；变化不可穷尽，故为日新；业业之中具盛德，德德之中具大业，故为生生。凡德业之成乎法象者皆名为乾，不止六阳一卦为乾；凡效法而成其德业者皆名为坤，不止六阴一卦为坤。极阴阳之数，而知数本无数，从无数中建立诸数，便能知来，即谓之占，非俟揲蓍而后为占。既知来者，数必有穷，穷则必变，变则通，通则久，即是学易之事，非俟已乱而后治、已危而求安之谓事。终日在阴阳数中，而能制造阴阳，不被阴阳所测，故谓之神。自"富有"至"谓坤"①五句，赞易理之无体；"极数"三句，赞圣神之无方也。

　　夫《易》，广矣大矣！以言乎远则不御，以言乎迩则

――――――――

① "谓坤"，原作"谓神"，据文义改。

静而正，以言乎天地之间则备矣。夫乾，其静也专，其动也直，是以大生焉。夫坤，其静也翕，其动也辟，是以广生焉。广大配天地，变通配四时，阴阳之义配日月，易简之善配至德。

上云生生之谓易，指本性易理言也。依易理作《易》书，故《易》书则同理性之广大矣。言远不御，虽六合之外，可以一理而通知也。迩静而正，曾不离我现前一念心性也。天地之间则备，所谓彻乎远迩，该乎事理，统乎凡圣者也。《易》书不出乾坤，乾坤各有动静，动静无非法界，故得大生广生而配于天地。既有动静，便有变通以配四时；随其动静，便为阴阳以配日月。乾易坤简，以配至德，是知天人、性修、境观、因果，无不具在《易》书中矣。

子曰："《易》其至矣！夫《易》，圣人所以崇德而广业也。知崇礼卑，崇效天，卑法地。天地设位，而《易》行乎其中矣。成性存存，道义之门。"圣人有以见天下之赜，而拟诸其形容，象其物宜，是故谓之象。圣人有以见天下之动，而观其会通，以行其典礼，系辞焉以断其吉凶，是故谓之爻。言天下之至赜，而不可恶也；言天下之至动，而不可乱也。拟之而后言，议之而后动，拟议以成其变化。

夫圣人依易理而作《易》书，《易》书之配天道人事也如此。故孔子作传至此，不觉深为之叹赏曰："《易》其至矣乎！夫《易》，乃圣人所以崇德而广业也。"知则高，高山顶立，故崇；礼则深，深海底行，故卑。崇即效天，卑即法地。盖自天地设位以来，而易理已行于其中矣。但随顺其本成之性，而不使一念之或亡，则道义皆从此出，更非性外有少法可得也。是故易象也者，不过是圣人见天下之赜，而拟其形容，象其物宜者耳；易爻也者，不过是圣人见天下之动，而观其会通，以行其典礼，系辞焉以断其吉凶者耳。

夫天下之物虽至赜，总不过阴阳所成，则今虽言天下之至赜，而安可恶？若恶其赜，则是恶阴阳；恶阴阳，则是恶太极；恶太极，则是恶吾自心本具之易理矣。易理不可恶，太极不可恶，阴阳不可恶，则天下之至赜亦安可恶乎？夫天下之事虽至动，总不出阴阳之动静所为，则今虽言天下之至动，而何尝乱？若谓其乱，则是阴阳有乱，太极有乱，吾心之易理有乱矣。易理不乱，太极不乱，阴阳不乱，则天下之至动亦何乱乎？是以君子当至赜至动中，能善用其拟议。拟议以成变化，道能操至赜至动之权。

盖必先有中孚之德存于己，而后可以同人。孚德既深，虽先或号咷，后必欢笑，况本无睽隔者乎？然欲成孚德，贵在错地之一著，譬如藉用白茅，则始无不善；又贵在究竟之不变，譬如劳谦君子，则终无不吉。倘劳而不谦，未免为亢龙之悔；倘藉非白茅，未免有不密之失。而所谓不出户庭者，乃真实慎独功夫，非阳为君子、阴为小人者所能窃取也。

"鸣鹤在阴，其子和之；我有好爵，吾与尔靡之。"子曰："君子居其室，出其言善，则千里之外应之，况其迩者乎？居其室，出其言不善，则千里之外违之，况其迩者乎？言出乎身，加乎民；行发乎迩，见乎远。言行，君子之枢机。枢机之发，荣辱之主也。言行，君子之所以动天地也，可不慎乎？""同人先号咷而后笑。"子曰："君子之道，或出或处，或默或语。二人同心，其利断金。同心之言，其臭如兰。"

金虽至坚，同心者尚能断之，此所谓金刚心也。

"初六，藉用白茅，无咎。"子曰："苟错诸地而可矣。藉之用茅，何咎之有？慎之至也。夫茅之为物薄，而用可重也。慎斯术也以往，其无所失矣。"

苟，诚也。诚能从地稳放，即禅门所谓脚跟稳当者也。白茅洁净而柔软，正是第一寂灭之忍。

"劳谦，君子有终，吉。"子曰："劳而不伐，有功而不德，厚之至也，语以其功下人者也。德言盛，礼言恭。谦也者，致恭以存其位者也。"

慎斯术也以往，即始而见终也，亦因该果海义。致恭以存其位，令终以全始也，亦果彻因源义。

"亢龙有悔。"子曰："贵而无位，高而无民。贤人在下位而无辅，是以动而有悔也。""不出户庭，无咎。"子曰："乱之所生也，则言语以为阶。君不密则失臣，臣不密则失身，几事不密则害成。是以君子慎密而不出也。"子曰："作《易》者，其知盗乎？《易》曰'负且乘，致寇至'。负也者，小人之事也；乘也者，君子之器也。小人而乘君子之器，盗思夺之矣。上慢下暴，盗思伐之矣。慢藏诲盗，冶容诲淫。《易》曰'负且乘，致寇至’，盗之招也。”

事者心事，器者象貌。佛法所谓怀抱于结使，不应著袈裟者也。“招”字妙甚，可见致魔之由皆由主人。

天一地二，天三地四，天五地六，天七地八，天九地十。天数五，地数五，五位相得而各有合。天数二十有五，地数三十，凡天地之数，五十有五。此所以成变化而行鬼神也。

此明河图之数，即天地之数，即所以成变化而行鬼神者也。太极无极，只因无始不觉妄动强名为一，一即属天；对动名静，静即是二，二即属地；二与一为三，三仍属天；二与二为四，四仍属地；四与一为五，五仍属天；四与二为六，六仍属地；六与一为七，七仍属天；六与二为八，八仍属地；八与一为九，九仍属天；八与二为十，十仍属地。十则数终，而不可复加，故河图止有十数。然此十数总不出于天地。除天地外别无有数，除数之外亦别无天地可见矣。

总而计之，天数凡五，所谓一三五七九也；地数亦五，所谓二四六八十也。一得五而成六，六遂与一合而居下；二得五而成七，七遂与二合而居上；三得五而成八，八遂与三合而居左；四得五而成九，九遂与四合而居右。既言六七八九，必各得五而成，则五便在其中。既言一二三四，则便积而成十，十遂与五合而居中。积而数之，天数一三五七九，共成二十有五；地数二四六八十，共成三十。凡天地之数五十有五，而变化皆以此成，鬼神皆以此行矣。有阴阳乃有变化，有变化乃有鬼神。变化者，水火木金土，生成万物也。鬼神者，能生所生，能成所成，各有精灵以为之主宰也。变化，即依正幻相。鬼神，即器世间主，及众生世间主耳。

大衍之数五十，其用四十有九。分而为二以象两，卦一以象三，揲之以四以象四时，归奇于扐以象闰。五岁再闰，故再扐而后挂。

衍，乘也。大衍，谓乘此天五地五之数，而演至于万有一千五百二十也。河图中天地之数，共计五十有五。今以天五地五，原非两五，是其定数。以对于十，亦是中数。一得之以为六，二得之以为七，三得之以为八，四得之为九，复合一二三四以成于十，故除中宫五数，以表数即非数。而惟取余五十以为大衍之数，以表从体起用。及揲著时，又于五十数中，存其一而不用，以表用中之体，亦表无用之用，与本体太极实非有二。夫从体起用，即不变随缘义也；用中之体，即随缘不变义也。

将此四十九策，随手分而为二，安于左右，象吾心之动静，即成天地两仪。次以左手取左策执之，而以右手取右策之一，挂于左手之大指间，象人得天地合一之道而为三才；次四四以揲之，象天地间四时新新不息；次归其所奇之策，扐于左手无名指间，以象每年必有闰日；又以右手取右策执之，而以左手四四揲之，归其所奇之策，扐于左手中指之间，是名再扐，以象五岁必有两个闰月，是为再闰。

已上分二，挂一，揲四，归奇，共四营而为一变。取其所挂所扐之策置之，然后再取左右揲过之策而重合之，重复分二，挂一，揲四，归奇，故云再扐而后挂也，是为二变。又取所挂所扐之策置之，然后更取左右揲过之策而重合之，重复分二，挂一，揲四，归奇，是为三变。

置彼三变所挂所扐之策，但取所揲之策数之：四九三十六则为"〇"，四八三十二则为"――"，四七二十八则为"——"，四六二十四则为"×"，于是成爻。"〇"为阳动，动则变阴；"――"为阴静，"——"为阳静，静皆不变；"×"为阴动，动则变阳。故下文云："四营成《易》。"三变成爻，十八变成六爻，则为卦也。此蓍草之数，及揲蓍之法，乃全事表理，全数表法，示百姓以与知与能之事，正所谓神道设教、化度无疆者矣。谓之大乘，不亦宜乎！若不以惟心识观融之，屈我羲、文、周、孔四大圣人多矣！

乾之策，二百一十有六。坤之策，百四十有四。凡三百有六十，当期之日。二篇之策，万有一千五百二十，当万物之数也。

九七皆乾，而爻言其变，故占时用九不用七。一爻三十六策，则乾卦六爻，共计二百一十六策也。八六皆坤，而占时用六不用八。一爻二十四策，则坤卦六爻，共计一百四十四策也。合成三百六十策，可当期岁之日。然一岁约立春至第二年春，则三百六十五日有奇。约十二月，则三百五十四日。而今云三百六十，适取其中，亦取大概言之，不必拘拘也。

又合上下二篇六十四卦之策而总计之，阳爻百九十二，共六千九百一十二策，阴爻百九十二，共四千六百八策，故可当万物之数。夫期岁之日，万物之数，总惟大衍之数所表。大衍不离河图，河图不离吾人一念妄动，则时劫万物，又岂离吾人一念妄动所幻现哉？

是故四营而成《易》，十有八变而成卦。

一变必从四营而成，以表一念一法之中，必有生、住、异、灭四相。三变成爻，以表爻爻各具三才之道。六爻以表三才各有阴阳，十八变以表三才各各互具而无差别。

八卦而小成。

三爻已可表三才，九变已可表互具，故名小成。

引而伸之，触类而长之，天下之能事毕矣。

八可为六十四，不过引而伸之也。三百八十四爻以定天下之吉凶，是在触类而长之也。至于触类而长，则一一卦，一一爻，皆可断天下事，而裁成辅相之能事无不尽矣。

显道神德行，是故可与酬酢，可与佑神矣。子曰："知变化之道者，其知神之所为乎！"

有一必有二，有二必有四，有四必有八，有八必有六十四，有六十四必有三百八十四。然三百八十四爻，只是六十四卦，六十四卦，只是八卦，八卦只是四象，四象只是两仪，两仪只是太极。太极本不可得。太极不可得，则三百八十四皆不可得，故即数可以显道也。阴可变阳，阳可变阴。一可为多，多可为一，故体此即数之道者，可以神其德行也。既即数而悟道，悟道而神明其德，则世间至赜至动，皆可酬酢，而鬼神所不能为之事，圣人亦能佑之矣。先天而天弗违，此之谓也。人但知揲蓍为变化之数耳。若知变化之道，则无方之神，无体之易，皆现于灵知寂照中矣。故述传至此，特自加"子曰"二字，以显咨嗟咏叹之思，而《史记》自称"太史公曰"乃本于此。

"《易》有圣人之道四焉：以言者尚其辞，以动者尚其变，以制器者尚其象，以卜筮者尚其占。"

前文云君子观象、玩辞、观变、玩占，今言此四即《易》所有圣人之道也。夫玩辞则能言，观变则能动，观象则可以制器，玩占则可以卜筮决疑。言也，动也，制器也，卜筮也，圣人修身治人之事，岂有外于此四者哉？

是以君子将有为也，将有行也。问焉而以言，其受命也如响。无有远近幽深，遂知来物。非天下之至精，其孰能与于此？

君子，学圣人者也。学圣人者必学《易》。善学《易》者，举凡有为有行，必玩辞而玩占。果能玩辞玩占，则易之至精，遂为我之至精矣。

参伍以变，错综其数。通其变，遂成天地之文；极其数，遂定天下之象。非天下之至变，其孰能与于此？

参者，彼此参合之谓。伍者，行伍定列之谓也。虽彼此参合，而不坏行伍之定列；虽行伍定列，而不坏彼此之参合。故名参伍以变。由彼此参合，则其数相错；由行伍定列，则其数可综。故云错综其数。举凡河图、洛书之成象，揲蓍求卦之法式，无不皆然，非仅偏指一种也。阴阳各有动静，故成天地之文；六十四卦各具六十四卦，故定天下之象。诚能观象以通变，观变以极数，则易之至变，遂为我之至变矣。

《易》，无思也，无为也，寂然不动，感而遂通天下之故。非天下之至神，其孰能与于此？

夫《易》虽至精、至变，岂有思虑作为于其间哉！惟其寂然不动，所以感而遂通。诚能于观象、玩辞、观变、玩占之中，而契合其无思无为之妙，则易之至神，遂为我之至神矣。

夫《易》，圣人之所以极深而研几也。唯深也，故能通天下之志；唯几也，故能成天下之务；唯神也，故不疾而速，不行而至。子曰"《易》有圣人之道四焉"者，此之谓也。

由此观之，则《易》之为书，乃圣人所以极深而研几者也。苟极其深，则至精者在我，而能通天下之志；苟研其几，则至变者在我，而能成天下之务；苟从极深研几处悟其无思无为、寂然不二之体，则至神者在我，故能不疾而速，不行而至矣。谓圣人之道不全寄诠于《易》书中可乎？今有读《易》而不知圣人之道者，何异舍醇酿而味糟粕也！

子曰："夫《易》，何为者也？夫《易》，开物成务，冒天下之道，如斯而已者也。"是故圣人以通天下之志，以定天下之业，以断天下之疑。是故蓍之德圆而神，卦之德方以知，六爻之义易以贡。圣人以此洗心，退藏于密，吉凶与民同患。神以知来，知以藏往，其孰能与于此哉？古之聪明睿知，神武而不杀者夫！

此欲明《易》书之妙，而先示易理之大也。夫所谓《易》，果何义哉？盖是开一切物，成一切务，包尽天下之道者也。是故圣人依易理而成《易》书，以通天下之志，使人即物而悟理；以定天下之业，使人素位而务本；以断天下之疑，使人不泣歧而侥幸。是故蓍之德，极其变化而不可测也；卦之德，有其定理而不可昧也；爻之义，尽其变通而未尝隐也。夫蓍圆而神，卦方以知，爻易以贡，皆所谓寂然不动、感而遂通者也。

圣人即以此洗心，退藏于密，所谓自明诚谓之教。能尽其性，则能尽人之性，故吉凶与民同患。神以知来，知以藏往，不俟问于蓍龟而后知吉凶也。此惟古之聪明睿知、断惑而无惑可断者，乃能与于此耳！

是以明于天之道，而察于民之故，是兴神物以前民用。圣人以此斋戒，以神明其德夫！

夫神以知来，知以藏往，则又何俟蓍龟之神物，而后断民之吉凶哉！但圣人能之，众人不能，不藉蓍龟以示，则民不信也。是以明于借物显理，乃天之道；因占决疑，乃民之习。故藉此蓍龟以开民用之前，而圣人亦示现斋戒然后卜筮者，正欲以此倍神明其德也。

是故阖户谓之坤，辟户谓之乾。一阖一辟谓之变，往来不穷谓之通。见乃谓之象，形乃谓之器。制而用之谓之法。利用出入，民咸用之谓之神。

是故易有太极，是生两仪；两仪生四象，四象生八卦；八卦定吉凶，吉凶生大业。

是故法象莫大乎天地，变通莫大乎四时，县象著明莫大乎日月，崇高莫大乎富贵。备物致用，立成器以为天下利，莫大乎圣人。探赜索隐，钩深致远，以定天下

之吉凶，成天下之亹亹者，莫大乎蓍龟。

是故天生神物，圣人则之；天地变化，圣人效之。天垂象，见吉凶，圣人象之；河出图，洛出书，圣人则之。《易》有四象，所以示也；系辞焉，所以告也；定之以吉凶，所以断也。

《易》曰："自天佑之，吉无不利。"子曰："佑者，助也。天之所助者，顺也；人之所助者，信也。履信思乎顺，又以尚贤也。是以'自天祐之，吉无不利'也。"

是故德既神明，方知易理无所不在。且如阖户即谓之坤，辟户即谓之乾。一阖一辟即是变，往来不穷即是通。见即是象，形即是器，随所制用即是法，随其民用出入即是神。则乾坤乃至神明，何尝不即在日用动静间哉！凡此皆易理之固然，而《易》书所因作也。

是故易者，无住之理也。从无住本，立一切法，所以易即为一切事理本源，有太极之义焉。既云太极，则决非凝然一法，必有动静相对之机，而两仪生焉。既曰两仪，则动非偏动，德兼动静；静非偏静，亦兼动静，而四象生焉。既曰四象，则象象各有两仪之全体全用，而八卦生焉。既曰八卦，则备有动静、阴阳、刚柔、善恶之致，而吉凶定焉。既有吉凶，则裁成辅相之道方为有用，而大业生焉。易理本自如此，《易》书所以亦然也。

是故世间事事物物，皆法象也，皆变通也，乃至皆深皆远、皆赜皆隐也。而法象之大者，莫若天地；变通之大者，莫若四时；县象著明之大者，莫若日月；崇高之大者，莫若天位之富贵；备物致用利天下者，莫若天德之圣人；探赜索隐，钩深致远，定吉凶，令人知趋避，成亹亹，使人进德业者，莫若蓍龟之神物。

是故天生神物，圣人即从而则之；天地变化，圣人即从而效之；天垂象，现吉凶，圣人即从而拟象之；河出图，洛出书，圣人即法而为八卦、九畴。然则《易》之有四象，所以示人动静进退之道也；《易》有系辞，所以昭告以人合天之学也；《易》有吉凶定判，所以明断合理之当为，而悖理之不可为也。

故"大有"上九之辞曰："自天佑之，吉无不利。"吾深知其故也。夫天无私情，所助者不过顺理而已；人亦无私好，所助者不过信自心本具之易理而已。诚能真操实履，信自心本具之易理，思顺乎上天所助，则便真能崇尚圣贤之书矣，安得不为天所佑，而吉无不利哉！

子曰："书不尽言，言不尽意。"然则圣人之意，其不可见乎？子曰："圣人立象以尽意，设卦以尽情伪，系辞焉以尽其言，变而通之以尽利，鼓之舞之以尽神。"乾坤其《易》之蕴耶？乾坤成列，而易立乎其中矣。乾坤毁，则无以见易。易不可见，则乾坤或几乎息矣。

是故形而上者谓之道，形而下者谓之器，化而裁之谓之变，推而行之谓之通。举而措之天下之民，谓之事业。

是故夫象，圣人有以见天地之赜，而拟诸其形容，象其物宜，是故谓之象。圣人有以见天下之动，而观其会通，以行其典礼，系辞焉以断其吉凶，是故谓之爻。极天下之赜者存乎卦，鼓天下之动者存乎辞，化而裁之存乎变，推而行之存乎通。神而明之存乎其人，默而成之。

不言而信，存乎德行。

上文发明易理、《易》书，及圣人作《易》、吾人学《易》之旨，亦既详矣。然苟非其人，苟无其德，则随语生解，亦何以深知易理、《易》书之妙致乎？故更设为问答，而结归其人其德行也。

夫书何能尽言，言亦何能尽意，然则圣人之意，岂终不可见乎？讵知圣意不尽于言，而亦未尝不寓于言；圣言不尽于书，而亦未尝不备于书。且如《易》书之中，亦既立象以尽意，圣意虽多，而动静二机足以该之，故乾坤二象即可以尽圣人之意也。又复设卦以尽情伪，动静虽只有二，而其中变态，或情或伪，不一而足，故六十四卦乃能尽万物之情伪也。又复系辞焉以尽其言，盖举天下事物一一言之，则劳而难遍。今借六十四卦而系以辞，则简而可周也。

虽六十四卦已足收天下事物之大全，而不知事事物物中，又各互具一切事物也，故变而通之。每卦皆可为六十四，而天下之利斯尽矣！虽有三百八十四爻动静陈设，若不于中善用鼓舞，使吾人随处得见易理，则亦不足以尽神，而圣人又触处指点以尽神矣！

虽复触处指点，然收彼三百八十四爻大纲，总不出乾坤二法，故乾坤即《易》之蕴藏也。夫本因易理而有乾坤，既有乾坤，易即立乎其中。设毁此乾坤二法，则易理亦不可见；设不见易理本体，则乾坤依何而有，不几至于息灭哉？此甚言易外无乾坤，乾坤之外亦无易也。

盖易即吾人不思议之心体。乾即照，坤即寂；乾即慧，坤即定；乾即观，坤即止。若非止观定慧，不见心体；若不见心体，安有止观定慧？是故即形而非形者，向上一著即谓之道；无形而成形者，向下施设即谓之器。道可成器，器可表道，即谓之变。从道垂器，从器入道，即谓之通。自既悟道与器之一如，以此化天下之民，即谓之事业矣。

是故夫象也者，不过是圣人见天下之赜，而拟诸其形容、象其物宜者也。夫爻也者，不过是圣人见天下之动，而观其会通，以行其典礼，系辞焉以断其吉凶者也。是以卦可极天下之赜，辞可鼓天下之动，变可尽化裁之功，通可极推行之妙。此终非书之所能尽言，亦非言之所能尽意也。神而明之，必存乎其人，而默而成之。不言而信，又必存乎德行耳。德行者，体乾坤之道而修定慧，由定慧而彻见自心之易理者也。

卷　九

系辞下传

八卦成列，象在其中矣；因而重之，爻在其中矣；刚柔相推，变在其中矣；系辞焉而命之，动在其中矣。吉凶悔吝者，生乎动者也；刚柔者，立本者也；变通者，趋时者也；吉凶者，贞胜者也。

天地之道，贞观者也；日月之道，贞明者也；天下之动，贞夫一者也。

夫乾，确然示人易矣；夫坤，隤然示人简矣。爻也者，效此者也；象也者，像此者也。爻象动乎内，吉凶见乎外；功业见乎变，圣人之情见乎辞。

天地之大德曰生，圣人之大宝曰位。何以守位？曰仁。何以聚人？曰财。理财正辞、禁民为非曰义。

此直明圣人作《易》，包天地万物之理，而为内圣外王之学也。盖自八卦成列，而天地万物之象已皆在其中矣；因而重之，而天地万物之交亦皆在其中矣；刚柔必互具刚柔，而天地事物之变又皆在其中矣；系辞焉而命之，而吾人慧迪从逆之动又皆在其中矣。夫吉凶悔吝，皆由一念之动而生者也。一念之动，必有刚柔以立其本。一刚一柔，必有变通以趋于时。得其变通之正者则胜，不得变通之正者则负，故吉之与凶，唯以贞胜者也。

此《易》中示人以圣贤学问，全体皆法天地事理，非有一毫勉强。是故天地之道，一健一顺，各有盈虚消长之不同，皆以变通之正示人者也；日月之道，一昼一夜，亦有中昃盈缺之不定，皆以变通之正为明者也；天下之动，万别千差，尤为至赜，实不可乱，乃归极于变通之一正者也。

夫乾之变，现于六十四卦，虽有一百九十二爻，无不确然示人以易矣；夫坤之变，现于六十四卦，虽亦一百九十二爻，无不隤然示人以简矣。此易简之理，正所谓千变万化而贞夫一者也。爻即效此易简，象即像此易简。苟吾心之爻象一动乎内，则事物之吉凶即现乎外。吉可变凶，凶可变吉。得此善变之方，乃见裁成辅相功业。而圣人所以教人之真情，则全见乎卦爻之辞，所应深玩细观者也。

是故生生之谓易，而天地之大德，不过此无尽之生理耳。圣人体天立极，其所以济民无疆者则在位耳。何以守位？则必全体天地之德，纯一不已之仁耳，仁则物我一体矣。庶必加之以富，故曰财；富必加之以教，故曰义。此内圣外王之学，一取法于天地事物者也。

古者包牺氏之王天下也，仰则观象于天，俯则观法于地，观鸟兽之文与地之宜，近取诸身，远取诸物，于是始作八卦，以通神明之德，以类万物之情。

本法天、地、身、物以作八卦，既作八卦，遂能通神明之德于一念，类万物之情于一身。

作结绳而为网罟，以佃以渔，盖取诸离。

驱鸟、兽、鱼、蛇于山泽，使民得稼穑者，乃深明物各宜丽其所者也，故取诸离。

包牺氏没，神农氏作。斫木为耜，揉木为耒，耒耨之利，以教天下，盖取诸益。

鱼鸟之害既除，田畴之利方起。

日中为市，致天下之民，聚天下之货，交易而退，各得其所，盖取诸噬嗑。

农事既备，商贾随兴。

神农氏没，黄帝、尧、舜氏作。通其变，使民不倦。神而化之，使民宜之。易穷则变，变则通，通则久。是以自天祐之，吉无不利。黄帝、尧、舜垂衣裳而天下治，盖取诸乾、坤。

通变神化，全体乾坤之德，所谓自强不息、厚德载物者也。

刳木为舟，剡木为楫，舟楫之利，以济不通，致远以利天下，盖取诸涣。

服牛乘马，引重致远，以利天下，盖取诸随。

重门击柝，以待暴客，盖取诸豫。

坤如重门，震如击柝。暴客，温陵郭氏以为初至之客，甚通。盖使动者得随地而安也。

断木为杵，掘木为臼，臼杵之利，万民以济，盖取诸小过。

弦木为弧，剡木为矢，弧矢之利，以威天下，盖取诸睽。

由上明故下悦，所谓若大旱之望雨者是也。

上古穴居而野处，后世圣人易之以宫室，上栋下宇，以待风雨，盖取诸大壮。

> 震木之下，别有天焉，宫室之象也。

古之葬者，厚衣之以薪，葬之中野，不封不树，丧期无数，后世圣人易之以棺椁，盖取诸大过。

> 以巽木入于泽穴之中。

上古结绳而治，后世圣人易之以书契，百官以治，万民以察，盖取诸夬。

> 以书契代语言，遂令之与天同久。

是故《易》者，象也；象也者，像也；彖者，材也；爻也者，效天下之动者也。是故吉凶生而悔吝著也。

> 由此观之，所谓《易》者，不过示人以象耳。而象也者，则是事物之克肖者也。所谓彖者，则是事物之材质也。所谓爻者，则是效天下之动者也。是故得有吉凶悔吝之生著也。夫动则必有吉凶悔吝之生著，君子可不思所以慎其动乎？

阳卦多阴，阴卦多阳，其故何也？阳卦奇，阴卦耦。其德行何也？阳一君而二民，君子之道也；阴二君而一民，小人之道也。

> 欲慎其动，当辨君民之分于身心，孟子所谓"从其大体为大人，从其小体为小人"也。观于阳卦多阴，阴卦多阳，可以悟矣。奇者，天君独秉乾纲之谓。耦者，意念夹带情欲之谓。阳一

为君，而两阴之二为民以从之，所谓志壹则动气，故是君子之道。阴二为君，而两阳之一反为民以从之，所谓气壹则动志，故是小人之道。

《易》曰："憧憧往来，朋从尔思。"子曰："天下何思何虑？天下同归而殊途，一致而百虑。天下何思何虑？日往则月来，月往则日来，日月相推而明生焉。寒往则暑来，暑往则寒来，寒暑相推而岁成焉。往者屈也，来者信也，屈信相感而利生焉。尺蠖之屈，以求信也；龙蛇之蛰，以存身也；精义入神，以致用也；利用安身，以崇德也。过此以往，未之或知也。穷神知化，德之盛也。"

夫心之官则思，而不知思本无可思也。能思无思之妙，则无思无虑而殊途同归；能达无思之思，则虽一致而具足百虑。思而无思，所谓退藏于密，屈之至也；无思而思，所谓感而遂通，信之至也。屈乃所以为信，信乃所以为屈，观师所谓往复无际、动静一源，肇公所谓其入离、其出微，皆此理耳。法界离微之道，岂思议之可及？故曰未之或知。苟证此思即无思、无思而思之妙，则可以穷神知化矣。殊途同归，一致百虑，皆所谓一君二民之道也。

《易》曰："困于石，据于蒺藜，入于其宫，不见其妻，凶。"子曰："非所困而困焉，名必辱。非所据而据焉，身必危。既辱且危，死期将至。妻其可得见耶？"

妄计心外有法，而欲求其故，所谓困于石也。不知万法唯心，而执有差别，所谓据于蒺藜也。无慧故名辱，无定故身危。丧法身慧命，故死期将至。永无法喜，故不见其妻。此二君一民之道也。

《易》曰："公用射隼于高墉之上，获之，无不利。"子曰："隼者，禽也。弓矢者，器也。射之者，人也。君子藏器于身，待时而动，何不利之有？动而不括，是以出而有获，语成器而动者也。"

禽喻惑，器喻戒定，人喻智慧。解之上六，独得其正，而居震体。如人有意，故能以戒定断惑也。宗门云："一兔横身当古道，苍鹰才见便生擒。"亦是此意。

子曰："小人不耻不仁，不畏不义，不见利不劝，不威不惩，小惩而大诫，此小人之福也。《易》曰'屦校灭趾，无咎'，此之谓也。善不积，不足以成名。恶不积，不足以灭身。小人以小善为无益而弗为也，以小恶为无伤而弗去也。故恶积而不可掩，罪大而不可解。《易》曰：'何校灭耳，凶。'"

夫戒定之器必欲其成，障戒障定之恶必宜急去，勿轻小罪以为无殃，惩之于小则无咎，酿之于终则必凶。修心者所宜时时自省自改也！

子曰："危者，安其位者也。亡者，保其存者也。乱者，有其治者也。是故君子安而不忘危，存而不忘亡，治而不忘乱，是以身安而家国可保也。《易》曰：'其亡其亡，系于苞桑。'"

自有因过而憬悟以进德者，自有无过而托大以退道者，故君子虽未必有过，尤宜乾乾惕厉，如否之九五可也。安其位是德，保其存是知，有其治是力。

子曰："德薄而位尊，知小而谋大，力小而任重，鲜不及矣。《易》曰：'鼎折足，覆公𫗧，其形渥，凶。'言不胜其任也。"

欲居尊位，莫若培德；欲作大谋，莫若拓知；欲任重事，莫若充力。德是法身，知是般若，力是解脱。三者缺一，决不可以自利利他。

子曰："知几其神乎？君子上交不谄，下交不渎，其知几乎？几者，动之微，吉之先见者也。君子见几而作，不俟终日。《易》曰：'介于石，不终日，贞吉。'介如石焉，宁用终日？断可识矣！君子知微知彰，知柔知刚，万夫之望。"

此所谓德厚而位自尊者也。十法界不出一心，名之为几。知此妙几，则上合十方诸佛本妙觉心，与佛如来同一慈力，故上交不谄；下合十方六道一切众生，与诸众生同一悲仰，故下交不渎。称性所起始觉，必能合乎本觉，故为吉之先见。

子曰："颜氏之子，其殆庶几乎？有不善未尝不知，知之未尝复行也。《易》曰：'不远复，无祇悔，元吉。'"

此所谓知大而谋自远者也。欲证知几之神，须修不远之复。

"天地絪缊，万物化醇；男女构精，万物化生。《易》曰：'三人行，则损一人；一人行，则得其友。'言致一也。"

此所谓力大而任可重者也。既有不远之复，须有致一之功。男慧女定，不使偏枯，乃可以成万德矣。

子曰："君子安其身而后动，易其心而后语，定其交而后求。君子修此三者，故全也。危以动，则民不与也；惧以语，则民不应也；无交而求，则民不与也。莫之与，则伤之者至矣。《易》曰：'莫益之，或击之，立心勿恒，凶。'"

惟仁可以安身，惟知可以易语，惟力可以定交。仁是断德，知是智德，力是利他恩德。有此三者，不求益而自益。今危以动则德薄，惧以语则知小，无交而求则力小，不亦伤乎？

子曰："乾坤，其易之门耶？乾，阳物也；坤，阴物也。阴阳合德，而刚柔有体。以体天地之撰，以通神明之德。其称名也，杂而不越。于稽其类，其衰世之意耶？

夫《易》，彰往而察来，而微显阐幽。开而当名辨物，正言、断辞则备矣。其称名也小，其取类也大。其旨远，其辞文，其言曲而中，其事肆而隐。因贰以济民行，以明失得之报。"

有易理即有乾坤，由乾坤即通易理，如城必有门，门必通城。盖乾是阳物，在天曰阳，在地曰刚，在人曰知；坤是阴物，在天曰阴，在地曰柔，在人曰仁。而阴不徒阴，阴必具阳；阳不徒阳，阳必具阴。故阴阳合德而刚柔有体。即天道而为地道，即地道而为人道，即人道而体天地之撰，通神明之德。

易理既然，《易》书亦尔，所以六十四卦之名杂而不越。杂，谓大小、善恶、邪正、吉凶之不同。不越，谓总不外于阴阳二物之德。然使上古之世，有善无恶，有正无邪，则此书亦可无作。今惟以衰世既有善恶邪正之殊，欲即此善恶邪正，仍归于非善非恶之至善，非邪非正之至正，所以方作《易》耳。是以《易》之为书，能彰往因，能察来果，能以显事会归微理，能使幽机阐成明象。故以此开示天下万世，名无不当，物无不辨，言无不正，辞无不断也。

一卦止有一名，故小；一名具含众义，故大。包尽内圣外王之学，故旨远；辞不烦而意已达，故文；言偏而意无不圆，故曲而中；事定而凡情难测，故肆而隐。因决疑以明失得之报，遂令民之蚩蚩，亦可避失而趋得也。

《易》之兴也，其于中古乎？作《易》者，其有忧患乎？

言其有与民同患之深心也。

是故履，德之基也；谦，德之柄也；复，德之本也；恒，德之固也；损，德之修也；益，德之裕也；困，德之辨也；井，德之地也；巽，德之制也。

心慈而力健，故为德基；内止而外顺，故为德柄；天君为主，故是德本；动而深入，故德可固；譬如为山，故为德修；鼓舞振作，故为德裕；积而能流，故为德辨；入而能出，故为德地；遍入一切，故为德制。

素位而行之谓履，蕴高于卑之谓谦，为仁由己之谓复，动而有常之谓恒，去恶净尽之谓损，积善圆满之谓益，历境炼心之谓困，有源不穷之谓井，无入不得之谓巽。其实六十四卦，无非与民同患、内圣外王之学，且就九卦指点者，以其尤为明显故也。

履，和而至；谦，尊而光；复，小而辨于物；恒，杂而不厌；损，先难而后易；益，长裕而不设；困，穷而通；井，居其所而迁；巽，称而隐。

和即兑慈，至即乾健。尊即山高，光即坤顺。小即一阳而为众阴之主，入于群动，故杂而不厌。譬如为山，方覆一篑，故先难而后易。鼓舞振作，则自然长裕。穷即泽之止水，通即坎之流水，由积故流，犹所谓隐居求志而行义达道也。井不动而泽及于物。巽能遍入一切事理深奥之域，故称而隐。

履以和行，谦以制礼，复以自知，恒以一德，损以远害，益以兴利，困以寡怨，井以辩义，巽以行权。

此正明九卦之用如此。以此而为内圣外王之学，所以能归非善非恶之至善，非邪非正之至正，而圣人与民同患之线索，亦尽露于此矣。

按此九卦，亦即是以余九法，助成不思议观之旨，盖易即不思议境之与观也。作《易》者有与民同患之心，更设九法以接三根。履是真正发菩提心，上求下化；谦是善巧安心止观，地中有山，止中有观也；复是破法遍，一阳动于五阴之下也；恒是识通塞，能动能入也；损是道品调适，能除惑也；益是对治助开，成事理二善也；困是知次位，如水有流止，不可执性废修也；井是能安忍，谓不动而润物也；巽是离法爱，谓深入于正性也。

《易》之为书也，不可远。为道也屡迁，变动不居，周流六虚，上下无常，刚柔相易，不可为典要，唯变所适。其出入以度，外内使知惧。又明于忧患与故，无有师保，如临父母。初率其辞，而揆其方，既有典常。苟非其人，道不虚行。

《易》书虽具陈天地事物之理，而其实切近于日用之间，故不为远。虽近在日用之间，而初无死法，故为道屡迁。随吾人一位一事中，具有十法界之变化，故变动不拘，周流六虚。界界互具，法法互融，故上下无常，刚柔相易。所以法法不容执著，而唯变所适。唯其一界出生十界，十界趋入一界，虽至变而各有其度，故深明外内之机，使知竞业于一念之微。又明示忧患之道，及所以当忧当患之故，能令读是书者，虽无师保，而如临父母，可谓爱之深教之至矣。

是以善读《易》者，初但循其卦爻之辞，而深度其所示之法，虽云不可为典要，实有一定不易之典常也。然苟非其人，安能读《易》即悟易理，全以易理而为躬行实践，自利利他之妙行哉？

《易》之为书也，原始要终，以为质也。六爻相杂，唯其时物也。其初难知，其上易知，本末也。初辞拟之，卒成之终。

若夫杂物撰德，辩是与非，则非其中爻不备。噫！亦要存亡吉凶，则居可知矣。知者观其象辞，则思过半矣。

二与四同功而异位，其善不同，二多誉，四多惧，近也。柔之为道，不利远者，其要无咎，其用柔中也。三与五同功而异位，三多凶，五多功，贵贱之等也。其柔危，其刚胜邪？

夫离却始终之质，则无时物；离却时物，亦无始终。故学《易》者，须得其大体，尽其曲折，乃可谓居观象、动观变也。然虽发心毕竟二不别，而初则难知，上则易知，以二心中先心难故。既发心已，终当克果，一本一末，法如是故。是以初辞拟之，卒以此而成终。顾为学者，又不徒恃初心已也。

若夫遍涉于万事万物之杂途，而撰成其德行，及深辩修行之是非，则非其中之四爻不备。夫事物虽有万殊，是非虽似纷糅，岂真难辩也哉？噫！亦要归于操存舍亡、迪吉逆凶之理，则所以自居者断可知矣。知者观于象辞，提纲挈领，以定大局，则虽时物相杂，而是非可辩，思过半矣。

何谓是之与非？且如二与四，同是阴也，而誉惧不同，则远近之分也。三与五，同是阳也，而凶功不同，则贵贱之分也。柔宜近不宜远：四之位近君，故虽多惧，而其要无咎；二之位远君，但用柔中，故多誉也。刚宜贵不宜贱，五之位贵，上位必须刚德乃克胜也。此约时位如此。若约修证者：知慧宜高远，行履宜切实稳当。故知内圣外王之学，皆于一卦六爻中备之。

《易》之为书也，广大悉备：有天道焉，有人道焉，有地道焉。兼三才而两之，故六。六者非它也，三才之道也。道有变动，故曰爻；爻有等，故曰物；物相杂，故曰文；文不当，故吉凶生焉。

上明质与时物，且约人道言之，而实三才之道无不备焉。且如三画便是三才，而三才决非偏枯单独之理。当知一一才中，还具两才事理，故象之以六画。而六者非他，乃表一一画中，又各还具三才之道。不但初、二为地，三、四为人，五、上为天而已矣。是故三才各有变动之道，名之曰爻；爻有初、终、中间之等，故名曰物；物又互相夹杂不一，故名曰文；文有当与不当，故吉凶从此而生。而所以趋吉避凶、裁成辅相于天地者，则其权独归于学《易》之君子矣。

《易》**之兴也，其当殷之末世、周之盛德邪？当文王与纣之事邪？是故其辞危。危者使平，易者使倾。其道甚大，百物不废。惧以终始，其要无咎。此之谓易之道也。**

此正明学《易》之君子，于末世中而成盛德。自既挽凶为吉，又能中兴易道，以昭示于天下万世也。

夫乾，天下之至健也，德行恒易以知险；夫坤，天下之至顺也，德行恒简以知阻。能说诸心，能研诸侯之虑，定天下之吉凶，成天下之亹亹者。是故变化云为，吉事有祥。象事知器，占事知来。

天地设位，圣人成能。人谋鬼谋，百姓与能。八卦以象告，爻象以情言，刚柔杂居而吉凶可见矣。变动以利言，吉凶以情迁。是故爱恶相攻而吉凶生，远近相取而悔吝生，情伪相感而利害生。凡易之情，近而不相得则凶。或害之，悔且吝。将叛者其辞惭，中心疑者其辞枝。吉人之辞寡，躁人之辞多。诬善之人其辞游，失其守者其辞屈。

夫易道虽甚大，而乾坤足以尽之。乾易而知险，坤简而知阻。惟其知险，故险亦成易，否则易便成险矣；惟其知阻，故阻亦成简，否则简亦成阻矣。悟此简易险阻之理于心，故悦。知此挽回险阻，以成简易之不可草率，故其虑研。既悦其理，又研其虑，则知行合一，全体乾坤之德，遂可以定吉凶、成亹亹也。是故世间之变化云为，举凡吉事无不有祥。圣人于此，即象事而可以知器，即占事而可以知来矣。

由此观之，天地一设其位，易理即已昭著于中，圣人不过即此以成能耳。然其易理甚深奥，亦甚平常。以言其深奥，则神谋鬼谋，终不能测；以言其平常，则百姓何尝不与能哉！夫百姓何以与能？即彼八卦未尝不以象告，即彼爻象未尝不以情言，即彼刚柔杂居而吉凶未尝不可见也。是故易卦之变动，不过以百姓之利言也；易辞之吉凶，不过以百姓之情令其迁善也。是故百姓之爱恶相攻而吉凶生，远近相取而悔吝生，情伪相感而利害生。

此百姓之情，即易中卦爻之情也。凡易之情，近而相得则吉，不相得则凶。或害之，悔且吝矣。而此相得不相得之情，能致吉凶悔吝者，岂他人强与之哉！试观将叛者其辞惭，乃至失其守者其辞屈，可见一切吉凶祸福无不出于自心，心外更无别法。此易理所以虽至幽深，实不出于百姓日用事物之间，故亦可与能也。

说卦传

昔者圣人之作《易》也，幽赞于神明而生蓍，参天两地而倚数，观变于阴阳而立卦，发挥于刚柔而生爻。和顺于道德而理于义，穷理尽性以至于命。

夫因蓍有数，因数立卦，因卦有爻，此人所共知也。借此以和顺道德，穷理尽性，此人所未必知也。且蓍之生也，实由圣人幽赞于神明而生之；数之倚也，实参两于天地；卦之立也，实观变于阴阳；爻之生也，实发挥于刚柔。此尤人所不知也。惟其蓍从圣人幽赞生，乃至爻从发挥观柔生。故即此可以和顺道德，使进修之义条理有章。既得进修之义，则理可穷，性可尽，而天命自我立矣。作《易》之旨，顾不深与！

昔者圣人之作《易》也，将以顺性命之理。是以立天之道曰阴与阳，立地之道曰柔与刚，立人之道曰仁与义。兼三才而两之，故《易》六画而成卦。分阴分阳，迭用柔刚，故《易》六位而成章。

天地定位，山泽通气，雷风相薄，水火不相射。八卦相错。数往者顺，知来者逆，是故《易》逆数也。

吾人自无始以来，迷性命而顺生死，所以从一生二，从二生四，乃至万有之不同。今圣人作《易》，将以逆生死流，而顺性命之理。是以即彼自心妄现之天，立其道曰阴与阳，可见天不偏于阳，还具易之全理，所谓随缘不变也。即彼自心妄现之地，立其道曰柔与刚，可见地不偏于柔，亦具易之全理，亦随缘不变也。即彼自心妄计之人，立其道曰仁与义。仁则同地，义则同天，可见人非天地所生，亦具易之全理，而随缘常不变也。天具地人之两，地具天人之两，人具天地之两，故《易》书中以六画成卦而表示之。于阴阳中又分阴阳，于柔刚中互用柔刚，故《易》书中以六位成章而昭显之也。

何谓六位成章？谓天地以定其位，则凡阳皆属天，凡阴皆属地矣。然山泽未始不通气，雷风未始不相薄，水火相反，而又未始相射也。是以八卦相错，而世间文章成矣。即此八卦相错之文章，若从其从一生二，从二生四，从四生八之往事者，则是顺生死流。若知其八止是四，四止是二，二止是一，一本无一之来事者，则是逆生死流。逆生死流，则是顺性命理。是故作《易》之本意，其妙在逆数也。谓起震至乾，乾惟一阳，即表反本还源之象耳。

雷以动之，风以散之，雨以润之，日以烜之，艮以止之，兑以说之，乾以君之，坤以藏之。

先以定动犹如雷，后以慧拔犹如风，法性之水如雨，智慧之照如日，妙三昧为艮止，妙总持为兑悦，果上智德为乾君，果上断德为坤藏。

帝出乎震，齐乎巽，相见乎离，致役乎坤，说言乎兑，战乎乾，劳乎坎，成言乎艮。

帝者，吾人一念之天君也。不愤不启，不悱不发，故出乎震。既发出生死心，须入法门以齐其三业。三业既齐，须以智慧之明见一切法。既有智慧，须加躬行。智行两备，则得法喜乐，又可说法度人。说法则降魔为战，战胜则赏赐田宅，乃至解髻珠以劳之。既得授记，则成道而登涅槃山矣。

万物出乎震，震，东方也。齐乎巽，巽，东南也。齐也者，言万物之洁齐也。离也者，明也。万物皆相见，南方之卦也。圣人南面而听天下，向明而治，盖取诸此也。坤也者，地也，万物皆致养焉，故曰致役乎坤。兑，正秋也。万物之所说也，故曰说言乎兑。战乎乾，乾，西北之卦也，言阴阳相薄也。坎者，水也，正北方之卦也。劳卦也，万物之所归也，故曰劳乎坎。艮，东北之卦也。万物之所成终而所成始也，故曰成言乎艮。

万物皆出乎震，况为圣为贤、成佛作祖，独不出乎震邪？万物皆齐乎巽，而三业可弗齐邪？万物皆相见乎离，而智慧可弗明邪？万物皆养于坤，而躬行可弗履践实地邪？万物皆说乎兑，而可无法喜以自娱，可无法音以令他喜悦邪？阴阳相薄，即表魔佛攸分。万物所归，正是劳赏有功之意。自既成终，则能成物之始，自觉觉他之谓也。

约观心者：一念发心为帝，一切诸心、心所随之，乃至三千性相，百界千如，无不随现前一念之心而出入也。

神也者，妙万物而为言者也。动万物者，莫疾乎雷；桡万物者，莫疾乎风；燥万物者，莫熯乎火；说万物者，莫说乎泽；润万物者，莫润乎水；终万物始万物者，莫盛乎艮。故水火相逮，雷风不相悖，山泽通气，然后能变化，既成万物也。

夫神不即万物，亦不离万物，故曰妙万物也。一念菩提心，能动无边生死大海，震之象也；三观破惑无不遍，巽之象也；慧火干枯惑业苦水，离之象也；法喜辨才自利利他，兑之象也；法性理水润泽一切，坎之象也；首楞严三昧究竟坚固，艮之象也。凡此皆乾坤之妙用。即八卦而非八卦，故曰神也。

乾，健也；坤，顺也；震，动也；巽，入也；坎，陷也；离，丽也；艮，止也；兑，说也。

健则可以体道，顺则可以致道，动则可以趋道，入则可以造道，陷则可以养道，丽则可以不违乎道，止则可以安道，说则可以行道。此八卦之德也。

乾为马，坤为牛，震为龙，巽为鸡，坎为豕，离为雉，艮为狗，兑为羊。

读此方知蠢动含灵，皆有佛性。虽一物各象一卦，而卦卦各有太极全德，则马牛等亦各有太极全德矣。

乾为首，坤为腹，震为足，巽为股，坎为耳，离为目，艮为手，兑为口。

若约我一身言之，则八体各象一卦，然卦卦有太极全德，则体体亦各有太极全德矣。又体体各有太极全德，则亦各有八卦全能也。又马牛等各有首腹及与口等，则马牛等各具八卦全能，尤可知也。

乾，天也，故称乎父；坤，地也，故称乎母。震一索而得男，故谓之长男；巽一索而得女，故谓之长女。坎再索而得男，故谓之中男；离再索而得女，故谓之中女。艮三索而得男，故谓之少男；兑三索而得女，故谓之少女。

只此众物各体之八卦，即是天地男女之八卦，可见小中现大，大中现小。法法平等，法法互具，真华严事事无碍法界也。

佛法释者：方便为父，智度为母。三观者能破一切法为长男，三止皆能息一切法为长女；三观皆能统一切法为中男，三止皆能统一切法为中女；三观皆能达一切法为少男，三止皆能停一切法为少女。

乾为天，为圜，为君，为父，为玉，为金，为寒，为冰，为大赤，为良马．为老马，为瘠马，为驳马，为木果。

坤为地，为母，为布，为釜，为吝啬，为均，为子母牛，为大舆，为文，为众，为柄，其于地也为黑。

震为雷，为龙，为玄黄，为旉，为大涂，为长子，为决躁，为苍筤竹，为萑苇。其于马也，为善鸣，为馵足，为作足，为的颡。其于稼也，为反生。其究为健，为蕃鲜。

巽为木，为风，为长女，为绳直，为工，为白，为长，为高，为进退，为不果，为臭。其于人也，为寡发，为广颡，为多白眼，为近利市三倍。其究为躁卦。

坎为水，为沟渎，为隐伏，为矫輮，为弓轮。其于人也，为加忧，为心病，为耳痛，为血卦，为赤。其于马也，为美脊，为亟心，为下首，为薄蹄，为曳。其于舆也，为多眚，为通，为月，为盗。其于木也，为坚多心。

离为火，为日，为电，为中女，为甲胄，为戈兵。其于人也，为大腹。为乾卦。为鳖，为蟹，为蠃，为蚌，为龟。其于木也，为科上槁。

艮为山，为径路，为小石，为门阙，为果蓏，为阍寺，为指，为狗，为鼠，为黔喙之属。其于木也，为坚多节。

兑为泽，为少女，为巫，为口舌，为毁折，为附决。其于地也，为刚卤。为妾，为羊。

此广八卦一章，尤见易理之铺天匝地，不问精粗，不分贵贱，不论有情无情。禅门所谓"青青翠竹，总是真如；郁郁黄花，无非般若"；又云"墙壁瓦砾，皆是如来清净法身"；又云"成佛作祖，犹带污名；戴角披毛，推居上位"。皆是此意。

前云乾健也，坤顺也，乃至兑说也，而此健等八德，则能具造十界。且如健之善者，则为天为君；其不善者，则为瘠为驳。顺之善者，则为地为母；其不善者，则为吝为黑。下之六卦无不皆然。可见不变之理，常自随缘，习相远也。然瘠、驳等仍是健德，吝、黑等乃是顺德。可见随缘之习，理元不变，性相近也。若以不变之体，随随缘之用，则世间但有天、圆乃至木果等可指陈耳，安得别有所谓乾！故《大佛顶经》云"无是见"者。若以随缘之用，归不变之体，则惟是一乾健之德耳，岂更有天、圆乃至木果之差别哉！故《大佛顶经》云"无非见"者。于此会得，方知孔子道脉，除颜子一人之外，断断无有能会悟者，故再叹曰"今也则亡"。

此中具有依正、因果、善恶、无记、烦恼、业苦等一切诸法，而文章错综变化，使后世儒者无处可讨线索，真大圣人手笔！非子夏所能措一字也。欧阳腐儒乃疑非圣人所作，陋矣！陋矣！

序卦传

　　有天地，然后万物生焉。盈天地之间者唯万物，故受之以《屯》。屯者，盈也；屯者，物之始生也。物生必蒙，故受之以《蒙》。蒙者，蒙也，物之稚也。物稚不可不养也，故受之以《需》。需者，饮食之道也。饮食必有讼，故受之以《讼》。讼必有众起，故受之以《师》。师者，众也。众必有所比，故受之以《比》。比者，比也。比必有所畜，故受之以《小畜》。物畜然后有礼，故受之以《履》。履而泰，然后安，故受之以《泰》。泰者，通也。物不可以终通，故受之以《否》。物不可以终否，故受之以《同人》。与人同者，物必归焉，故受之以《大有》。有大者，不可以盈，故受之以《谦》。有大而能谦必豫，故受之以《豫》。豫必有随，故受之以《随》。以喜随人者必有事，故受之以《蛊》。蛊者，事也。有事而后可大，故受之以《临》。临者，大也。物大然后可观，故受之以《观》。可观而后有所合，故受之以《噬嗑》。嗑者，合也。物不可以苟合而已，故受之以《贲》。贲者，饰也。致饰然后亨则尽矣，故受之以《剥》。剥者，剥也。物不可以终尽剥，穷上反下，故受之以《复》。复则不妄矣，故受之以《无妄》。有无妄然后可畜，故受之以《大畜》。物畜然后可养，故受之以《颐》。颐者，养也。不养则不可动，故受之以《大过》。物不可以终过，故受之以《坎》。坎者，陷也。陷必有所丽，故受之以《离》。离者，丽也。

有天地然后有万物，有万物然后有男女，有男女然后有夫妇，有夫妇然后有父子。有父子然后有君臣，有君臣然后有上下，有上下然后礼义有所错。夫妇之道不可以不久也，故受之以《恒》。恒者，久也。物不可以久居其所，故受之以《遁》。遁者，退也。物不可以终遁，故受之以《大壮》。物不可以终壮，故受之以《晋》。晋者，进也。进必有所伤，故受之以《明夷》。夷者，伤也。伤于外者必反其家，故受之以《家人》。家道穷必乖，故受之以《睽》。睽者，乖也。乖必有难，故受之以《蹇》。蹇者，难也。物不可以终难，故受之以《解》。解者，缓也。缓必有所失，故受之以《损》。损而不已必益，故受之以《益》。益而不已必决，故受以《夬》。夬者，决也。决必有所遇，故受之以《姤》。姤者，遇也。物相遇而聚，故受之以《萃》。萃者，聚也。聚而上者谓之升，故受之以《升》。升而不已必困，故受之以《困》。困乎上者必反下，故受之以《井》。井道不可不革，故受之以《革》。革物者莫若鼎，故受之以《鼎》。主器者莫若长子，故受之以《震》。震者，动也。物不可以终动，止之，故受之以《艮》。艮者，止也。物不可以终止，故受之以《渐》。渐者，进也。进必有所归，故受之以《归妹》。得其所归者必大，故受之以《丰》。丰者，大也。穷大者必失其居，故受之以《旅》。旅而无所容，故受之以《巽》。巽者，入也。入而后说之，故受之以《兑》。兑者，说也。说而后散之，故受之以《涣》。涣者，离也。物不可以终离，故受之以《节》。节而信之，故受之以《中孚》。有其信者必行之，故受之以《小过》。有过物者必济，故受之以《既济》。物不可穷也，故受之以《未济》终焉。

《序卦》一传，亦可作世间流转门说，亦可作功夫还灭门说，亦可作法界缘起门说，亦可作设化利生门说。在儒则内圣外王之学，在释则自利利他之诀也。

杂卦传

刚柔合德，忧乐相关。与求互换，见杂相循。起止盛衰之变态，乃至穷通消长之递乘，世法佛法无不皆然。自治治人，其道咸尔，而错杂说之，以尽上文九翼中未尽之旨。令人学此《易》者，磕着砰着，无不在易理中也。笔端真有化工之妙，非大圣不能有此。

乾刚坤柔，比乐师忧。临、观之义，或与或求。屯见而不失其居，蒙杂而著。

临有能临所临，以卦言之，阳临阴也；以爻言之，上临下也。观有观示、观瞻，二阳观示四阴，则阳为能示，阴为所示也；四阴观瞻二阳，则阴为能瞻，阳为所瞻也。建侯而利居贞，故见而不失其居。包蒙而子克家，故杂而著。

震，起也。艮，止也。损、益，盛衰之始也。大畜，时也。无妄，灾也。

损下益上为衰之始，损上益下为盛之始。时无实法，而包容万事万物，故大畜须约时言，所谓多识前言往行，以畜其德，三大阿僧祇劫修行者是也。自恃无妄，则便成灾，所谓唯圣罔念作狂，又复道个如如，早已变了。

萃聚而升不来也，谦轻而豫怠也。

劳谦反得轻安，豫悦反成懈怠，修德者所应知。

噬嗑，食也。贲，无色也。

有间隔而可食，无采色为真贲。故违境不足惧，文采不足眩也。

兑见而巽伏也。

欲说法者，还须入定。欲达道者，先须求志。

随，无故也。蛊，则饬也。

随不宜无事生事，蛊不妨随坏随修。

剥，烂也。复，反也。晋，昼也。明夷，诛也。

烂则必反，昼则必诛。祸兮福所乘，福兮祸所乘。学《易》者所应观象玩辞、观变玩占者也。

井通而困相遇也。

井不动而常通，困虽穷而相遇，此示人以自守之要道也。

咸，速也。恒，久也。

速即感而遂通，久即寂然不动，斯为定慧之道。

涣，离也。节，止也。解，缓也。蹇，难也。睽，外也。家人，内也。否、泰，反其类也。

有离必有止，有缓必有难，有外必有内，有泰必有否，有否必有泰。类相反而必相乘，学《易》者不可不知。

大壮则止，遁则退也。

壮即宜止，遁即宜退，皆思患豫防之学。

大有，众也。同人，亲也。革，去故也。鼎，取新也。

众必相亲，相亲必革弊而日新其德。

小过，过也。中孚，信也。

有过不妨相规，相规乃可相信。

丰，多故也。亲寡，旅也。

丰必多故，旅必寡亲，素位而行，存乎其人。

离上而坎下也。

智火高照万法，定水深澄性海。

小畜，寡也。履，不处也。

但懿文德，则其道寡。虽辨定分，与时变通，而无定局。

需，不进也。讼，不亲也。大过，颠也。姤，遇也，柔遇刚也。渐，女归待男行也。颐，养正也。既济，定也。归妹，女之终也。未济，男之穷也。

不进乃可进，不亲乃可亲。大不可过，所以诫盈。柔能胜刚，所以成遇。定必须慧，故女待男。养正则吉，故须观颐。已定者不必言，但当谋其未定者耳。终则有始，穷则思通。凡此，皆言外之旨、象中之意也。

夬，决也，刚决柔也。君子道长，小人道忧也。

上云乾刚坤柔，则刚柔乃二卦之德，岂可以刚决柔，使天下有乾无坤，其可乎哉！且立天之道曰阴与阳，则天亦未尝无阴也；

立地之道曰柔与刚，则地亦未尝无刚也。

今所谓刚决柔者，但令以君子之刚，而决小人之柔，则小人可化为君子，而君子道长。设使以小人之刚，而决君子之柔，则君子被害，而小人亦无以自立，必终至于忧矣。所以性善性恶俱不可断，而修善须满，修恶须尽也。

问：何谓君子之刚？答：智慧是也。

何谓君子之柔？答：慈悲是也。

何谓小人之刚？答：瞋慢邪见是也。

何谓小人之柔？答：贪欲痴疑是也。

噫！读此一章，尤知宣圣实承灵山密嘱，先来此处度生者矣！不然，何其微言奥旨，深合于一乘若此也。思之！佩之！

易解跋

忆曩岁幻游温陵，结冬月台，有郭氏子来问《易》义，遂举笔属稿。先成《系辞》等五传，次成《上经》，而《下经》解未及半，偶应紫云法华之请，旋置高阁。屈指忽越三载半矣！今春应留都请，兵阻石城，聊就济生庵度夏。日长无事，为二三子商究大乘止观法门，复以余力拈示易学，始竟前稿。

嗟嗟！从闽至吴，地不过三千余里；从辛巳冬至今夏，时不过一千二百余日。乃世事幻梦，盖不啻万别千差。交易耶？变易耶？至于历尽万别千差世事，时地俱易，而不易者依然如故。吾是以知日月稽天而不历，江河竞注而不流，肇公非欺我也。得其不易者，以应其至易；观其至易者，以验其不易。常与无常，二鸟双游。吾安知文王之于羑里，周公之被流言，孔子之息机于周流，而韦编三为之绝，不同感于斯旨耶！予愧无三圣之德之学，而窃类三圣与民同患之时。故阁笔而复为之跋。时乙酉闰六月二十九日也。

北天目道人古吴藕益智旭书

河 图

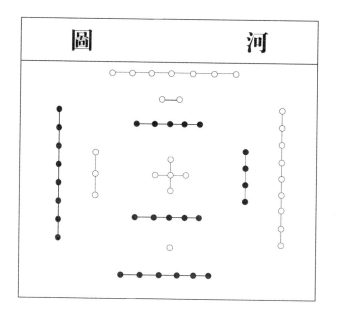

《系辞传》曰：天一地二，天三地四，天五地六，天七地八，天九地十。天数五，地数五，五位相得而各有合。天数二十有五，地数三十，凡天地之数五十有五，此所以成变化而行鬼神也。

此河图之数也，解现《系辞上传》中。

　　此先天之数，除中五天地生数以为太极本位，用余五十为揲蓍之策也。五位相得者，一得五而为六，二得五而为七，三得五而为八，四得五而为九，中得一二三四而为十也。各有合者，一合六，二合七，三合八，四合九，五合十也。一与九为十，二与八为十，三与七为十，四与六为十，一二三四为十，共成五十。而中之五点，每点含十，故以中五为本数也。

　　然虽先天之数，亦含后天八卦之用。且如一六生水，故坎居正北；二七生火，故离居正南；三八生木，故震居正东；四九生金，故兑居正西；五十生土，故土仍居中。乾寄位于西北者，阳位阳数之间也；坤寄位于西南者，阴数阴位之尽也；阴阳互结而为山，故艮居东北；阴阳互鼓而为风，故巽居东南。

　　约出世法者：一是地狱之恶，六是天道之善，为善恶一对；二是畜生之惑，七是声闻之解，为解惑一对；三是饿鬼之罪苦，八是支佛之福田，为罪福一对；四是修罗之瞋恚，九是菩萨之慈悲，为瞋慈一对；五是人道之杂，十是佛界之纯，为纯杂一对。

　　又约十度修德者：一是布施，六是般若，此二为福慧之主，如地生成万物，故居下；二是持戒，七是方便，此二为教化之首，如天普覆万物，故居上。三是忍辱，八是大愿，此能出生一切善法，故居左；四是精进，九是十力，此能成就一切善法，故居右。五是禅定，十是种智，此能统御一切诸法，故居中。实则界界互具，度度互摄。盖世间之数，以一为始，以十为终。华严以十表无尽，当知始终不出一心一尘一刹那也。

洛 书

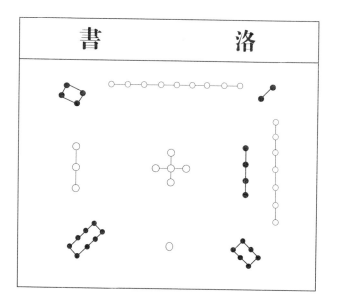

大禹因洛书而作九畴，今以一三五七九居四方及中央正位，以二四六八居四维偏位，又隐其十，正表阳德为政，而阴德辅之。在人则为知及仁守之学，智巧圣力之象也。

左右前后、纵横斜直视之，皆得十五之数，以表位位法法之中，皆具天地之全体满数，非分天地以为诸数也。物物一太极，于此可见。

约出世法：则九界皆即佛界，故不别立佛界之十。又九波罗密皆即种智，故不别立种智之十。盖凡数法若至于十，便是大一数故。数于此终，即于此始故。

伏羲八卦次序

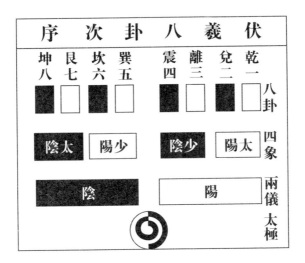

《系辞传》曰：易有太极，是生两仪，两仪生四象，四象生八卦。

太极非动非静，双照动静，故必具乎阴阳。阳亦太极，阴亦太极，故皆非动非静，双照动静，还具阴阳而成四象。四象亦皆即是太极，所以皆亦非动非静，双照动静，还具阴阳而成八卦。然则八卦只是四象，四象只是阴阳，阴阳只是太极，太极本无实法，故能立一切法耳。

若从一生二，从二生四，从四生八，从八生六十四等；是为顺数。若从六十四溯至八，八溯至四，四溯至二，二溯至一；一亦本无实法，是为逆数。顺数则是流转门，逆数则是还灭门。流转从阴阳二画出，还灭从阴阳二画入，故曰乾坤其易之门。圣人作《易》，要人即流转而悟还灭，超脱生死转回，故曰《易》逆数也。

伏羲八卦方位

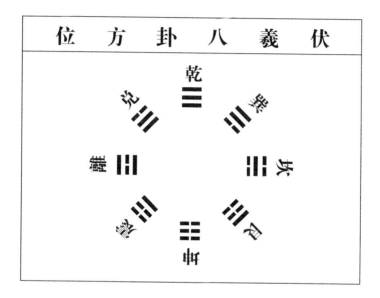

先天八卦，约体言之：乾南表天，坤北表地，离东表日，坎西表月。震居东北，动之初也；兑居东南，海之象也；巽居西南，入之初也；艮居西北，山之象也。须弥在此方视之，则居西北。日月星辰至西北，皆为须弥腰所掩，故妄计天缺西北也。

伏羲六十四卦次序

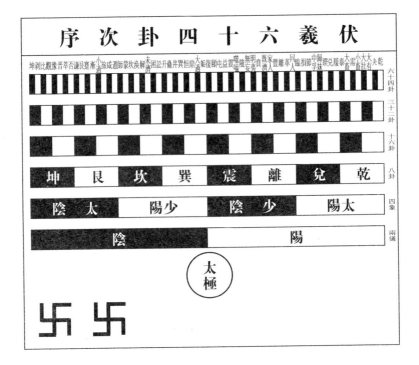

随拈一阴一阳，必还具一阴一阳，故六重之而成六十四卦。其实卦卦无非太极全体，故得为四千九十六卦也。

伏羲六十四卦方位

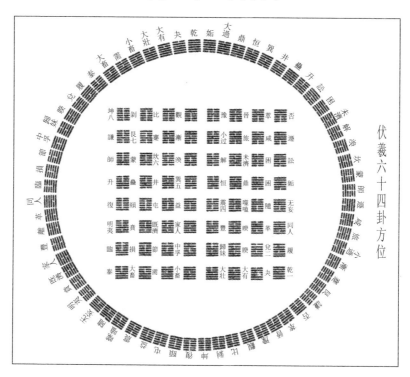

约一天下，亦以此卦图而分布之；约一省一府一县，亦各以此卦图而分布之，近约一宅，亦以此卦图而分布之，即单约一房一坐具地，亦以此卦图而分布之。大不碍小，小不碍大，大亦只是六十四卦，小亦全具六十四卦，一时一刻亦有此六十四卦，亘古亘今亦只此六十四卦。若向此处悟得，便入华严事事无碍法界，故李长者借此以明华藏世界。不然，岂令福建在南，则有乾无坤；燕都在北，则有坤无乾；天竺在西，但为坎地；支那在东，惟是离方也耶？

文王八卦次序

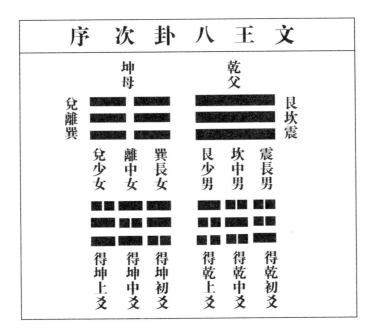

　　男即父，女即母；又父只是男，母只是女。坤体得乾为三男，有慧之定，即止而观也。震为观穿义，艮为观达义，坎为不观观义。乾体得坤为三女，有定之慧，即观而止也。巽为止息义，兑为停止义，离为不止止义。震动艮静，坎能动能静，乾非偏于动也；巽动兑静，离能动能静，坤非偏于静也。又震动而出，巽动而入，艮静而高，兑静而深。坎兼动静，而从上之下，上终不穷；离兼动静，而从下之上，下终不尽。信知一一皆法界也。

文王八卦方位

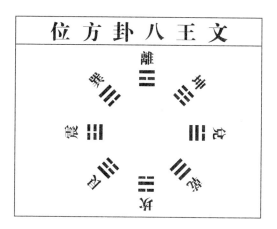

《说卦传》曰：帝出乎震，齐乎巽，相见乎离，致役乎坤，说言乎兑，战乎乾，劳乎坎，成言乎艮。又曰：震，东方也，乃至艮东北之卦也。

此须约观心工夫解释，具在《说卦传》解中。

后天八卦，约用而言：离表火腾，故旺于南；坎表水降，故旺于北。交发立坚，湿为巨海，乾为洲滩，故坎虽居北，而水轮含十方界。坤艮之土亦遍四维。火势劣水，抽为草木，故有震巽。木旺于春，故震居东方。巽亦属木，又能生火，其象为风，故居东南。地性坚者，名之为金，金旺于秋，故居西方。乾亦属金，又表须弥是四宝所成，在此地之西北也。

右图说有八，或与旧同，或与旧异，只贵遥通儒释心要而已。观者恕之。蕅益敬识。

校刻易禅纪事

瑞叨侍大师五年，每见久精易学之士，一闻大师拈义，无不倾服。遂发心募梓全集，辄以《易禅》居首。大师解《易》既毕，方出图说，故并附于末卷。或有问曰："紫阳本义，图说在前，谓圣人作《易》精微之旨，全在语言文字之先。今胡得倒置耶？"大师答曰："圣人悟无言而示有言，学者因有言而悟无言，所以古有左图右书之说。何倒之有？且文字与图皆标月指耳，不肯观月，而争指之前后。不亦惑乎？"问者默然。兹因校刻，并识此语。愿我同志阅斯编者，了知文字与图无非吾人心性脚注，不作有言会，不作无言会。庶不负法恩矣！

门弟子通瑞百拜敬书

286